中文社会科学引文索引（CSSCI）来源集刊

# 当代会计评论

## Contemporary Accounting Review

2019年
第12卷第1辑
（总第25辑）
Volume12 Number1 2019

教育部人文社会科学重点研究基地厦门大学会计发展研究中心 主办
厦门大学管理学院会计学系　厦门大学财务管理与会计研究院 协办

科学出版社
北京

## 内 容 简 介

本辑内容主要涉及我国"计划型"税收征管模式对企业税负的影响，反腐败政策如何在不同"关系文化强度"地区激励企业创新，会计准则变革的预期和非预期效应分析框架及相关文献梳理，基于MC-AHP与灰色关联度的年度报告可读性评价体系建立与相关实证检验，从预测价值视角讨论商誉减值与未来现金流的关系，注册会计师考试经历对会计信息可比性及审计质量的影响等方面。

本刊以发表原创性文章（研究方法不限）与综述性文章为主，反映学科前沿和应用研究的最新进展，适于从事本学科学术研究的人员阅读，可作为本学科博士生、硕士生教学内容，也适合会计准则制定者和证券监管者参考。

#### 图书在版编目（CIP）数据

当代会计评论. 2019年. 第12卷. 第1辑: 总第25辑/教育部人文社会科学重点研究基地厦门大学会计发展研究中心主办；厦门大学管理学院会计学系, 厦门大学财务管理与会计研究院协办. —北京: 科学出版社, 2019.9
ISBN 978-7-03-061933-4

Ⅰ.①当… Ⅱ.①教… ②厦… ③厦… Ⅲ.①会计学–丛刊 Ⅳ.①F230–55

中国版本图书馆CIP数据核字（2019）第153726号

责任编辑：郝　悦 / 责任校对：王丹妮
责任印制：张　伟 / 封面设计：无极书装

科学出版社 出版
北京东黄城根北街16号
邮政编码：100717
http://www.sciencep.com

北京虎彩文化传播有限公司 印刷
科学出版社发行　各地新华书店经销

\*

2019年9月第 一 版　　开本：787×1092　1/16
2020年1月第二次印刷　　印张：7 3/4　插页：1
字数：200 000

**定价：76.00元**
（如有印装质量问题，我社负责调换）

# 目　录

## 论文

1　税负刚性——计划型税收征管模式下的中国企业税负特征
　　刘骏　薛伟　刘峰

23　地区关系文化、反腐败政策冲击与公司创新
　　邓晓飞　辛宇　徐莉萍

49　会计准则变革的预期和非预期效应：内涵界定与文献梳理
　　贾兴飞　张先治

61　基于MC-AHP与灰色关联度的企业中文年度报告可读性综合评价体系及实证检验研究
　　孙文章　李延喜　朱佳玮

80　商誉减值与未来现金流
　　张东旭　梁德杰　周泽将

98　签字会计师注会考试经历与会计信息可比性
　　郑琦

# CONTENTS

## Articles

1   Tax Rigidity: The Characteristics of Corporate Tax Burden Under the Central-Planned Tax Administration in China
  **Jun Liu, Wei Xue and Feng Liu**

23   Regional Guanxi Culture, Anti-Corruption Policy, and Corporate Innovations
  **Xiaofei Deng, Yu Xin and Liping Xu**

49   Intended and Unintended Consequences of Accounting Standards Reforms: The Definition and Literature
  **Xingfei Jia and Xianzhi Zhang**

61   Empirical Tests of the Comprehensive Evaluation System of Readability of Chinese Annual Reports: An Approach Based on Monte Carlo-AHP and the Degree of Grey Relationship
  **Wenzhang Sun, Yanxi Li and Jiawei Zhu**

80   Goodwill Impairment and Future Cash Flows
  **Dongxu Zhang, Dejie Liang and Zejiang Zhou**

98   Signing Auditors' CPA Examination Records and Financial Statement Comparability
  **Qi Zheng**

# 税负刚性
## ——计划型税收征管模式下的中国企业税负特征[*]

刘骏[1] 薛伟[2] 刘峰[3]

（1. 广东财经大学会计学院/粤港澳大湾区资本市场与审计治理研究院，广东 广州 510320；2. 厦门国家会计学院，福建 厦门 361005；3. 厦门大学会计发展研究中心/厦门大学管理学院，福建 厦门 361005）

**【摘要】** 长期以来，我国实行"以计划任务为中心"的税收征管模式。这种征管模式对微观层面企业税负产生了何种影响？本文利用 2003~2016 年我国 A 股主板上市公司数据，对此问题进行了考察。我们发现，我国微观企业税负存在刚性特征：企业收入下降时，税费支出随之降低的速度，显著低于企业收入上升时税费支出增加的速度。这种刚性特征在企业主体税种增值税、所得税中均有体现。进一步研究发现，企业税负刚性主要表现在当年预算收入计划完成或者超额完成的省（区、市）。并且，在税收征管强度较高的地区，企业税负刚性显著更高。此外，我们还发现，企业税负刚性主要存在于税负较重的企业。本文揭示了我国企业税负的刚性特征，有助于理解我国企业税负现实，对当前制定"减税降费"落实政策也具有参考价值。

**【关键词】** 税负刚性 税收计划 企业税负 税收征管

---

[*] 刘骏，讲师，E-mail：cnjamesjunliu@gmail.com；薛伟，讲师，E-mail：xw@xnai.edu.cn；刘峰，教授，E-mail：fliu@xmu.edu.cn。本文受到国家自然科学基金项目"中国企业税负刚性研究——表现、形成机制与经济后果"（71702199）、"关联持股下的代理问题研究：股东合谋与堑壕防御视角"（71502181）、"制度变革、非正式制度因素与会计审计行为研究"（71790602）、"事务所规模与审计质量：团队视角"（71672159），中山大学高校基本科研业务费专项资金项目"儒家文化氛围影响高管行为决策吗？基于中国上市公司的机制与经验分析"（18WKPY17）、广州市哲学社科规划 2019 年度课题"粤港澳大湾区创新驱动战略的保障机制研究——地市税收留成与制造业创新"（2019GZYB05）、厦门国家会计学院云顶课题"国际税收新形势下我国与'一带一路'沿线国家税收协定的框架理论研究"（YD20180303）的助助。本文曾在 2019 年 1 月中央财经大学"会计、法律与资本市场"2019 学术研讨会暨"龙马奋进"学科前沿论坛上报告，作者感谢中国人民大学孟庆斌教授、中央财经大学陈运森和梁上坤教授及匿名审稿专家的建设性评论。文中一切疏漏，责任属于作者。

# 一、引　言

长期以来，我国实行"以计划任务为中心"的税收征管模式（黄秀珍 2001，冯海波 2009）。税收计划一旦确定，就必须不折不扣甚至超额完成。这种事先制定计划、事后必须完成的税收征管模式，形成了宏观层面的税收"刚性"，税收收入出现持续多年超GDP增长的现象（高培勇 2006，陈海霞 2008，吕冰洋和郭庆旺 2011，冯辉和沈肇章 2015）。近年来，我国多次出台旨在为企业"减税降费"、促进经济活力的政策措施，然而现实中却有大量企业反映减税政策"获得感不强"，税负甚至"不降反增"[①]。图1显示，税收收入增长率在2015年、2016年短暂低于GDP增长率后，于2017年再次大幅超越。这表明我国的"税收收入超GDP增长"现象仍未得到根本性改变。

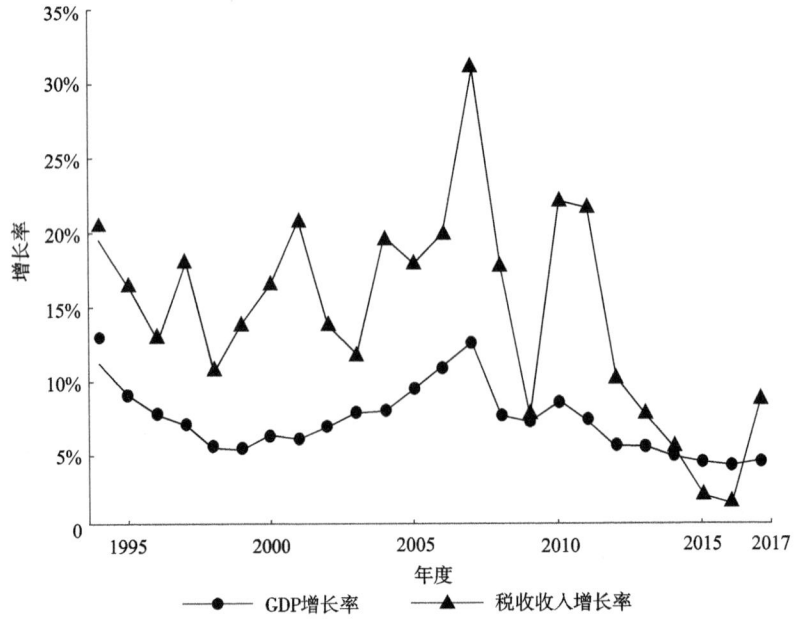

图1　1994~2017年我国GDP增长率与税收收入增长率趋势
资料来源：《中国统计年鉴》（1994~2018 年）

我国现行税制下，税收主要由企业缴纳，宏观层面的税收刚性必然向微观层面传递。然而，计划型税收征管模式对企业税负究竟产生了何种影响？从目前来看，鲜有文献涉及。本文利用2003~2016年我国A股主板上市公司数据，对此问题进行考察。我们发现，

---

① 企业在税负方面获得感不强 民间投资增速下滑. http://finance.sina.com.cn/stock/t/2016-06-08/doc-ifxsvexw8683184.shtml，2016-06-08；专家释疑：政府真金白银减税 为何部分企业获得感不强. http://finance.sina.com.cn/roll/2018-12-03/doc-ihprknvs7204475.shtml，2018-12-03.

我国微观企业税负呈现出"刚性"特征：企业收入下降时，税费支出随之降低的速度，显著低于企业收入上升时税费支出增加的速度。具体来说，营业收入上升的企业，收入每上升1%，企业税费支出增加约0.94%；而营业收入下降的企业，收入每下降1%，税费支出仅降低0.83%，两者差异显著。并且，这种刚性特征在我国企业主体税种增值税、所得税税负中均有体现。

进一步检验发现：①企业税负刚性与地方政府预算收入计划执行情况密切相关。在当年预算收入计划完成，或者大幅超额完成的省（区、市），企业税负表现出刚性特征，而在预算收入计划未完成的省（区、市），企业税负未表现出明显的刚性特征；②在我国不同税收征管强度的地域范围内，企业税负均存在刚性特征，但税收征管强度更高区域内企业税负刚性显著更高；③税负刚性主要体现在税负较重的企业样本中，而在税负较轻与税负中等的企业样本中表现不明显，表明税负刚性可能是部分企业税负较重的一个重要原因。

本文的理论意义可能有以下几点。第一，本文指出我国企业税负存在刚性，为理解我国企业税负现实提供了新的切入点。在计划型税收征管模式下，我国企业税费支出受到外在的政府税收计划的影响，呈现出"刚性"特征。在此前提下，企业通过自主行为降低税费支出的能力和意愿，相对于西方发达国家（如美国）可能存在较大差异。西方微观企业税负研究通常会潜在地假定企业在税法的框架内，可以充分利用税法规则的空间，降低或递延自身税费支出，以达到企业价值最大化的目的。然而，这种假定前提在中国企业税负存在刚性的情况下是否仍然适用，是存在疑问的。叶康涛等（2018）的发现也为此提供了证据，在考虑税收优惠因素后，我国企业实际所得税率与名义税率之间不存在显著差异，说明我国企业实际所得税率较低主要是通过税收优惠方式实现，而不是通过主动避税实现。这意味着，直接引入西方税收研究的理论与逻辑来研究我国企业税收行为，其结论可能不完全符合企业现实。我国情境下的微观企业税收研究，需要更加重视现实制度背景，反思、改进，甚至重建研究的逻辑起点。第二，本文丰富和拓展了企业成本、费用性态相关研究。已有文献发现我国企业生产成本（孔玉生等 2007）、经营费用（孙铮和刘浩 2004）、高管薪酬（方军雄 2009）等存在黏性特征。但对于企业税费这一重要的费用支出，相关研究相对较少。王百强等（2018）发现我国企业所得税支出存在"黏性"。然而，企业与政府之间的税收利益关系体现于企业支付的全部税费支出上。在我国现行税制下，流转税实际上已经成为我国企业税负的主体，仅对企业所得税进行研究不能完整反映企业税负状况。第三，本文建立了企业税负刚性的检验模型，并从多个角度对企业税负刚性特征进行检验，为深入探讨企业税负刚性的形成机制及经济后果提供了线索和启发。

本文对于我国当前落实企业"减税降费"政策制定具有参考价值。本文研究表明，目前的税收征管模式，已经使得微观企业税负与其经营状况之间的联系产生扭曲。企业收入下降时，企业税费支出降低的幅度，显著低于企业收入上升时税费支出增加的幅度。这意味着，在企业经营状况下滑时，每单位营业收入承担的税费支出反而增加，企业"税负痛感"更强。在经济下行、企业经营状况普遍下滑的时期，要将企业"减税降费"政策措施真正落到实处，为实体经济注入活力，企业税负刚性是一个亟须解决的问题。

本文后续的结构安排如下：第二部分为制度背景与理论分析，第三部分为研究设计与数据来源，第四部分为实证检验结果，第五部分为研究结论。

## 二、制度背景与理论分析

### （一）制度背景：计划型税收征管模式

长期以来，我国税收征管一直"以计划任务为中心"（黄秀珍 2001，冯海波 2009）。税收计划贯穿着我国税收征管工作的始终，其编制、分解落实、执行情况的检查、分析与考核构成了目前税收征管工作的核心内容。

我国税收计划的编制，存在一个"自下而上"到"自上而下"的过程。每年11月，税收计划编制工作启动。各级税务机关"自下而上"编报税收计划建议数，层层汇总上报至国家税务总局。国家税务总局"以支定收"，采用"基数法"制定下一年度全国税收总计划。计划期税收收入=基数×（1+增长系数）±特殊因素。其中，税收基数一般采用计划编制当年的实际税收收入[①]；增长系数主要依据计划期经济增长计划与财政支出需要确定；特殊因素主要参考各地上报的计划建议数，考虑一些严重影响税源的特殊因素确定，如新出台的经济政策或重大自然灾害等。

国家税务总局确定下一年度税收计划后，于下一年年初（通常为2月、3月）将各省（区、市）税收计划指标下达至省级税务部门。省级税务部门同样采取"基数法"，依据下达的税收计划指标，结合本地区经济增长计划与财政预算制定本级税收计划。以此类推，层层分解，形成各级税务机关税收计划。税收计划指标最终分解至基层税务机关，落实至分管具体企业税款征收的税收管理员，"任务到户""责任到人"。

税收计划是国家预算计划的重要组成部分。预算方案经全国人民代表大会审议通过后，包括税收计划在内的各项收支计划，就成为法定任务。一经下达，就必须不折不扣地完成。为此，各级税务部门在计划执行过程中，对计划的执行进度、与往年同期变化等都制定了严格的监控、分析方案。税收计划的最终完成情况，也是上级政府和税务部门对下级税务部门和人员工作业绩的主要考核指标。政府部门对财税收入的追求，以及对税收任务完成情况类似"一票否决制"的过度考核[②]，使得税收计划成为必须完成的政治任务（郑文敏 2005）。通过公开的税收统计数据，我们考察了1994~2017年来我国税收计划的完成情况，结果如图2所示。从图2中可以看出，绝大多数年份我国税收收入实际

---

[①] 由于计划制定时尚未年终，无法预知当年实际收入。一般以当年截至计算期的实际完成数，加上年内剩余期间预计完成数作为基数。

[②] 国家税务总局2000年2月28日印发的《国家税务总局系统组织收入工作考核办法（试行）》中，税收计划完成情况指标占全部权重的60%，并规定，"对年度考核评定'较差'的单位，其领导班子成员在年度公务员考核中不得评为'优秀'等次"。

增长率都超过，甚至远超税收收入计划增长率。只有2014年、2015年我国未完成当年税收计划，税收收入实际增长率低于计划增长率。而且，这种局面迅速得到扭转，2016年税收收入实际增长率再次超过计划增长率，并在2017年大幅超越。

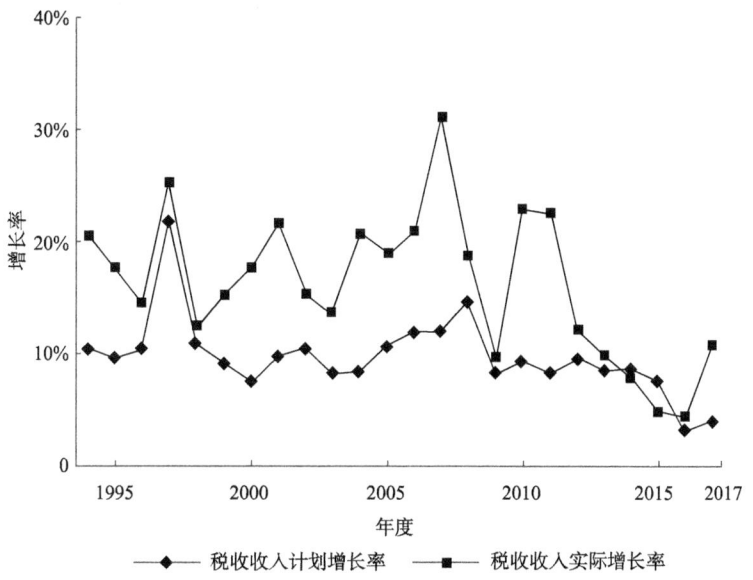

图2　1994~2017年我国税收收入计划增长率与实际增长率比较

税收收入计划增长率=税收收入预算数/上年税收收入决算数
税收收入实际增长率=税收收入决算数/上年税收收入决算数
资料来源：《中国财政年鉴》（1994~2018年）

尽管不少学者与税务工作人员指出了目前计划型税收征管模式存在的弊病，并不断呼吁对这种税收征管模式进行改进（黄秀珍 2001，匡小平和何灵 2006，杨国林等 2017等）。然而，在现实中，由于对税务工作人员的业绩考核机制至今没有发生实质性改变，完成甚至是超额完成税收任务仍然被当作最重要的工作目标[①]。在这种情况下，"以计划任务为中心"的税收征管模式在可以预见的未来仍将继续。

（二）企业税负刚性的形成

为了便于税收计划的分解、执行与评价考核，我国税务机关对企业税收征管采用"属地管理"原则，即一地经济活动所产生的税收，原则上由当地税务部门负责征收管理。即使是同一集团公司分布在各地的分支机构，也被视为独立的纳税主体，严格限制汇总

---

[①] 2018年全国税务工作会议中，"组织税收收入"仍然是全年税务工作的首要目标，仍然强调"不折不扣完成预算确定的税收收入目标"。参见：全面贯彻落实党的十九大精神　高质量推进新时代税收现代化——全国税务工作会议在北京召开. http://www.chinatax.gov.cn/n810219/n810724/c3221276/content.html，2018-01-17.

或者合并纳税[①]。这与我国计划型税收征管模式不无关系，因为税收计划已经层层分解到具体税收征管人员，外地企业在本地经营活动所产生的税收，如果合并或汇总纳税，就有可能影响分配的税收任务完成情况。相应地，地方政府官员及税收征管部门可能会因此通不过业绩考核。"属地管理"原则为地方政府与当地税务部门执行税收计划提供了可能，也为宏观层面的税收刚性传递至微观企业奠定了制度基础。

1994年的分税制改革明确了中央与地方政府之间税收收入的分享比例，设定了中央对地方的税收返还制度，使得地方政府能够从地方的经济增长中获得稳定的收益。因而，分税制对地方政府产生了巨大的税收激励，促使税务部门提高征税能力与征税努力，带动了税收增长（吕冰洋和郭庆旺 2011）。这与我国经济增长的"财政联邦主义"解释（Montinola et al. 1995, Qian and Weingast 1997, Lin and Liu 2000）一脉相承。张军（2011）认为，正是分税制改革解决了中央与地方政府之间的激励不相容问题，进而成就了我国30余年的经济高速增长。同时，正如Blanchard和Shleifer（2001）指出的，我国财政联邦主义带来的分权好处，在很大程度上取决于某种形式的政治集权。Li和Zhou（2005）、周黎安（2007）把这种政治集权称为我国地方官员的"晋升锦标赛"，认为地方官员之间围绕GDP增长、财税收入指标进行的竞争，是理解我国地方政府激励与经济增长的关键。

在分税制的财政利益框架与地方官员"晋升锦标赛"的双重作用下，我国一些地方政府采用"企业化"（亦称公司化）方式经营辖区的资源和资本，形成了"官场+市场"的增长模式（周黎安 2018），不遗余力地追求营业收入（GDP增长），进而实现利润（财政收入）最大化（宫希魁 2011）。地方政府"企业化"运作，需要充足的财政资金支持。运作的结果——辖区GDP、财政收入的快速增长，有助于地方官员在"晋升锦标赛"中脱颖而出，进一步刺激了地方政府对财政收入的追求。税收作为政府财政收入中比重最大、质量最高的构成部分，是地方政府"企业化"运作得以运行的重要保障。保证税收计划及时、足额甚至超额完成，成为地方政府及税务部门工作的重中之重。

从目前我国税企地位关系来看，企业与税务部门之间的法律地位严重不对等。税收法律的制定、解释，以及税收争议的解决，最终大多取决于税务部门的意见。企业在税务部门面前几乎没有讨价还价的空间，始终处于被动地位。例如，《中华人民共和国税收征管法》第八十八条规定，"纳税人、扣缴义务人、纳税担保人同税务机关在纳税上发生争议时，必须先依照税务机关的纳税决定缴纳或者解缴税款及滞纳金或者提供相应的担保，然后可以依法申请行政复议；对行政复议决定不服的，可以依法向人民法院起诉"。企业在提起行政复议或者诉讼时，也大多处于被动地位。在这种情况下，税务部门根据税收计划对企业进行征管，企业大多只能选择接受。

由此，我们认为，在我国当前的制度环境下，地方政府与税务部门有动机、有能力

---

[①] 2002年1月17日我国财政部发布的《跨地区经营、集中缴库的企业所得税地区间分配暂行办法》规定，实行所得税汇总（合并）纳税，需要经国家税务总局批准。2008年我国实行"法人制"企业所得税后，对于企业集团中"非独立法人"的分支机构，可统一由总机构汇总纳税，这在一定程度上缓和了集团企业经营方式与属地征管方式之间的矛盾。但适用范围仅限于非独立法人的分支机构，且规定集团企业纳入汇总纳税范围的企业应纳所得税额的50%在各分支机构之间进行分摊，在各分支机构所在地预缴。而且，对集团企业税收内部分摊比例不是依据集团企业现实状况，而是采用统一规定的比例进行。由此可见，当前的"属地管理"征管方式对集团企业税负的影响，未能得到实质性改善。

保证当地税收计划的顺利执行，最大限度地完成，甚至超额完成所分配的税收任务。在这种情况下，宏观层面的税收刚性向具体微观企业层面传递成为必然。

# 三、研究设计与数据来源

## （一）研究设计：税负刚性的微观测定

在"以计划任务为中心"的税收征管模式下，税务部门有税不收，或者收"过头税"的现象时有发生（冯海波 2009）。在经济景气、企业经营状况较好的情况下，税务部门可能会有意识地放松征管，控制税收增长速度，以避免被"鞭打快牛"。而在经济下滑、税收任务完成出现困难的情况下，税务部门又可能会"涸泽而渔"，对企业实行"运动式"的清税、补税，甚至提前征税。

因此，微观企业税负刚性特征可能表现为两种形式。

（1）税务部门按税收计划征收企业税款，可能会使企业税费支出与经营状况失去联系，企业缴纳的税款不再随企业计税基础的变化而变化，即企业税费支出与计税基础之间失去敏感性。

（2）企业税负刚性还可能表现为企业税基增加或减少时，税费支出变化速度的"不对称性"。由于目前税收计划完成情况是税务部门业绩考核的主要指标，与个人利益、升迁机会紧密挂钩，相对于被"鞭打快牛"，税务部门更难以接受的是不能完成税收任务。因此，相对于企业缴纳税费上升，企业缴纳税费减少更容易引起税务部门的关注。在这种情况下，企业税费与计税基础之间的敏感性，在计税基础上升或者下降时，将存在不对称性。即计税基础下降时，税费支出降低的速度，将小于计税基础上升时，税费支出增加的速度。

如此，企业税负刚性问题就转化为企业税费支出相对于计税基础的"敏感性"检验，以及这种敏感性在计税基础上升或下降时是否存在"不对称性"的检验。

对于企业税费支出与计税基础之间是否存在敏感性，我们借鉴Murphy（1985，1999）、杜兴强和王丽华（2007）、方军雄（2009）等考察企业高管薪酬业绩敏感性的做法，建立模型（1），对企业税费支出与计税基础之间的敏感性进行检验。

$$\text{LnTax}_{i,t} = \beta_0 + \beta_1 \text{LnSales}_{i,t} + \sum_{k=2}^{n} \beta_k \text{Controls}_{i,t} + \varepsilon_{i,t} \qquad （1）$$

其中，$\text{LnTax}_{i,t}$为企业当年税费支出总额的自然对数；$\text{LnSales}_{i,t}$为企业当年营业收入的自然对数；$\text{LnSales}_{i,t}$的系数$\beta_1$显示了企业税费支出与营业收入之间的敏感性，若两者存在敏感性，则系数$\beta_1$将显著为正；$\text{Controls}_{i,t}$为控制变量。企业当年税费支出总额等于企业现金流量表中"支付的各项税费–收到的税费返还"。对于正常经营的企业来说，企业缴纳税费的主要经济来源为营业收入。因此，我们选择考察企业税费与其营业收入之间的敏感性。世界银行（2006）、刘骏和刘峰（2014）、朱红军等（2016）对企业税负的衡量也采用了类似的思想。参考吴联生（2009）、刘骏和刘峰（2014）等，我们在模型中加入企业规模（Size）、负债率（Leverage）、资本密集度（Capint）、存货密集度（Invint）、总资产回报率（ROA）等控制变量。由于增值税是对商品生产和流通中各环节的增值额征税，销售毛利高的企业增值税税负可能较高，我们控制了企业的销售毛利率（Gmargin）。此外，我们根据税收优惠政策针对地域的不同，将我国划分为5个区域[①]，即经济特区、东部地区、中部地区、西部地区、东北地区，按照企业注册地所在区域设置虚拟变量（Region）来控制地域税收政策差异。我们还设置了分类变量Industry和Year来控制行业和年度固定效应。变量具体定义见表1。

表1 变量具体定义

| 变量 | 定义 |
| --- | --- |
| 被解释变量 | |
| LnTax | 税费支出总额的自然对数，税费支出=支付的各项税费–收到的税费返还 |
| LnCIT | 所得税支出的自然对数，所得税支出=所得税费用–递延的所得税–应交所得税变动 |
| LnVAT | 增值税支出的自然对数，增值税支出=税费支出–所得税支出–营业税金及附加支出–管理费用中的税费支出 |
| LnBT | 营业税支出的自然对数，营业税支出=营业税费用–应交营业税变动 |
| 解释变量 | |
| LnSales | 当年营业收入的自然对数 |
| D | 收入下降虚拟变量，营业收入相对上年度下降时取1，否则取0 |
| 控制变量 | |
| Size | 企业规模=年末总资产（单位：十亿元） |
| Leverage | 财务杠杆=年末有息负债/年末总资产 |
| Capint | 固定资产集中度=年末固定资产/年末总资产 |
| Invint | 存货集中度=年末存货/年末总资产 |
| ROA | 总资产收益率=当年净利润/年末总资产 |
| Gmargin | 毛利率=（营业收入–营业成本）/营业收入 |
| Region | 依据我国税收优惠政策针对地域的不同，将我国划分为五个区域，即经济特区、东部地区、中部地区、西部地区、东北地区，分别设置虚拟变量 |
| Indcd | 对样本上市公司行业设置虚拟变量 |
| Year | 对样本期间2003~2016年各年度分别设置虚拟变量 |

对于在收入上升或下降时，我国企业税费营业收入敏感性是否存在"不对称性"，我们借鉴Anderson等（2003）、方军雄（2009，2011）等对企业费用、高管薪酬"黏性"的

---

① 经济特区包括深圳市、珠海市、汕头市、厦门市、海南省5个经济特区；东部地区包括北京市、天津市、河北省、上海市、江苏省、浙江省、福建省、山东省、广东省9个省（直辖市）；中部地区包括山西省、安徽省、江西省、河南省、湖北省、湖南省6个省；西部地区包括重庆市、四川省、贵州省、云南省、西藏自治区、陕西省、甘肃省、宁夏回族自治区、青海省、新疆维吾尔自治区、内蒙古自治区、广西壮族自治区12个省（自治区、直辖市）；东北地区包括黑龙江省、吉林省、辽宁省3个省。

研究[①]，建立模型（2）进行检验。

$$LnTax_{i,t} = \beta_0 + \beta_1 D_{i,t} + \beta_2 LnSales_{i,t} + \beta_3 D_{i,t} \times LnSales_{i,t} \\ + \sum_{k=4}^{n} \beta_k Controls_{i,t} + \varepsilon_{i,t} \quad (2)$$

其中，$D_{i,t}$为收入下降虚拟变量，当企业营业收入相对于上年度下降时取1，否则取0。其他变量定义与模型（1）相同。根据前文分析，我们预期交叉项$D_{i,t} \times LnSales_{i,t}$的系数$\beta_3$显著为负。

## （二）数据来源

我们选择2003~2016年我国沪市和深市A股主板上市公司为样本，考察我国企业税负刚性特征的表现。我国的上市公司基本是其所在地的"纳税大户"，对于当地完成税收计划，具有举足轻重的影响。因此，对上市公司税款的征收管理，将能更清晰地显示"以计划任务为中心"的征管方式对企业税负产生的影响。由于上市公司产权性质、财务报表附注等相关数据收集限制，样本期间从2003年开始，至2016年结束。我们在样本中还剔除了金融类上市公司，净资产小于0、营业收入小于0的经营状况异常上市公司，以及财务数据缺失的样本。最终样本包含24 576个年度观测值，年度分布如表2所示。本文上市公司财务数据和相关信息均来自CSMAR数据库，部分数据经过了手工整理和补充。

**表2 样本年度分布**

| 年度 | 样本数 | 百分比 | 累计百分比 |
| --- | --- | --- | --- |
| 2003 | 1 229 | 5.00% | 5.00% |
| 2004 | 1 311 | 5.33% | 10.33% |
| 2005 | 1 291 | 5.25% | 15.58% |
| 2006 | 1 354 | 5.51% | 21.09% |
| 2007 | 1 466 | 5.97% | 27.06% |
| 2008 | 1 524 | 6.20% | 33.26% |
| 2009 | 1 608 | 6.54% | 39.81% |
| 2010 | 1 833 | 7.46% | 47.27% |
| 2011 | 1 968 | 8.01% | 55.27% |
| 2012 | 2 049 | 8.34% | 63.61% |
| 2013 | 2 085 | 8.48% | 72.09% |
| 2014 | 2 157 | 8.78% | 80.87% |
| 2015 | 2 259 | 9.19% | 90.06% |
| 2016 | 2 442 | 9.94% | 100.00% |
| 合计 | 24 576 | 100.00% | |

---

[①] 企业费用黏性的研究中，大多采用差分模型，即对检验模型的因变量与解释变量均进行差分处理。例如，Murphy（1986）、Anderson等（2003）、孙铮和刘浩（2004）、刘武（2006）、龚启辉等（2010）、梁上坤（2015）、王百强等（2018）。但为了便于与税负敏感性模型结果进行对比，我们未采用差分模型。而且，直接采用对数模型，检验系数具有明确的经济含义：企业营业收入每变动1%，企业税费支出随之变动的百分比。而差分模型检验系数的经济含义不够明确。我们在本文的稳健性检验中，也采用了差分模型对本文结果重新进行检验，结果未发生改变（参见表12）。

## 四、实证检验结果

### （一）描述性统计

表3列示了本文主要变量的描述性统计。描述性统计与后文的回归分析中，所有连续变量均在1%与99%分位进行了Winsorize处理。表3显示，2003~2016年，样本上市公司税费支出总额均值为3.015亿元。在我国上市公司缴纳的所有税种中，增值税是第一大税种，税费支出均值为1.645亿元，企业所得税税费支出均值为0.859亿元。从均值来看，企业增值税支出为企业所得税支出的1.92倍。我国企业营业税支出均值为0.251亿元，占税费支出总额比重较小。

解释变量中，企业营业收入Sales均值为51.648亿元。收入下降虚拟变量$D$均值为0.331，表示样本中33.1%的公司样本出现过收入下降现象。

表3　主要变量的描述性统计

| 变量 | N | 均值 | 标准差 | 最小值 | 中位数 | 最大值 |
| --- | --- | --- | --- | --- | --- | --- |
| Tax | 22 868 | 3.015 | 7.386 | 0 | 0.762 | 50.540 |
| VAT | 19 415 | 1.645 | 4.032 | 0 | 0.404 | 27.294 |
| BT | 20 117 | 0.251 | 0.843 | 0 | 0.150 | 6.156 |
| CIT | 22 918 | 0.859 | 2.219 | 0 | 0.204 | 16.208 |
| Sales | 24 546 | 51.648 | 122.583 | 0.245 | 14.393 | 828.569 |
| D | 24 576 | 0.331 | 0.471 | 0 | 0 | 1.000 |
| Size | 24 576 | 8.217 | 19.312 | 0.213 | 2.600 | 141.000 |
| Leverage | 24 571 | 0.218 | 0.169 | 0 | 0.202 | 0.650 |
| Capint | 24 574 | 0.259 | 0.180 | 0.002 | 0.227 | 0.752 |
| Invint | 24 574 | 0.165 | 0.152 | 0 | 0.128 | 0.734 |
| ROA | 24 574 | 0.035 | 0.058 | −0.216 | 0.033 | 0.195 |
| Gmargin | 24 546 | 0.255 | 0.165 | −0.038 | 0.220 | 0.780 |

注：为提供更为直观的信息，对于本文主要变量税费支出总额（Tax）、增值税支出（VAT）、营业税支出（BT）、所得税支出（CIT）、营业收入（Sales），我们在表中提供其绝对数字的描述性统计（单位：亿元）；所有连续变量均在1%与99%分位进行了缩尾处理

表4列示了本文主要变量的Pearson相关系数。从表4可以看出，税费支出总额的对数（LnTax）与营业收入对数（LnSales）显著正相关。增值税、营业税、企业所得税税费支出也与营业收入存在显著的正相关性。收入下降虚拟变量（$D$）与税费支出总额，以及各税种税费支出呈显著负相关关系，表明收入下降的企业，其税费支出明显较少。这说明

我国上市公司经营状况仍然是影响企业税费支出的重要原因。

表4 主要变量的Pearson相关系数

| 变量 | LnTax | LnVAT | LnBT | LnCIT | LnSales | D |
|---|---|---|---|---|---|---|
| LnTax | 1 | | | | | |
| LnVAT | 0.850*** | 1 | | | | |
| LnBT | 0.446*** | 0.171*** | 1 | | | |
| LnCIT | 0.783*** | 0.583*** | 0.421*** | 1 | | |
| LnSales | 0.815*** | 0.751*** | 0.362*** | 0.665*** | 1 | |
| D | -0.142*** | -0.113*** | -0.071*** | -0.117*** | -0.178*** | 1 |

***表示显著性水平为0.01

## （二）回归分析

### 1. 企业税负敏感性检验

利用模型（1），我们首先对我国企业税费支出与营业收入之间是否存在"敏感性"进行分析，结果如表5所示。表5显示模型（1）的调整后拟合优度（调整的$R^2$）在80%左右，表明本文建立的模型对我国上市公司税费支出具有较好的解释力。

表5 税负敏感性检验

| 变量 | （1）全部样本 LnTax | （2）收入上升组 LnTax | （3）收入下降组 LnTax |
|---|---|---|---|
| LnSales | 0.891 6*** | 0.938 8*** | 0.834 9*** |
|  | (78.577) | (80.012) | (55.000) |
| Size | 0.005 2*** | 0.003 9*** | 0.007 1*** |
|  | (7.994) | (6.179) | (6.574) |
| Leverage | -0.074 8 | -0.054 0 | -0.031 1 |
|  | (-1.065) | (-0.723) | (-0.350) |
| Capint | 0.257 9*** | 0.317 2*** | 0.113 1 |
|  | (3.448) | (4.075) | (1.090) |
| Invint | 0.319 6*** | 0.220 0** | 0.552 0*** |
|  | (3.690) | (2.355) | (5.024) |
| ROA | 0.322 0* | 0.589 8*** | 0.414 0* |
|  | (1.831) | (2.601) | (1.892) |
| Gmargin | 2.873 9*** | 3.145 0*** | 2.428 0*** |
|  | (34.971) | (35.795) | (22.635) |
| Region | 控制 | 控制 | 控制 |
| Indcd | 控制 | 控制 | 控制 |

续表

| 变量 | （1）全部样本 | （2）收入上升组 | （3）收入下降组 |
|---|---|---|---|
| | LnTax | LnTax | LnTax |
| Year | 控制 | 控制 | 控制 |
| 截距项 | -2.812 6*** | -3.878 8*** | -1.515 5*** |
| | (-10.552) | (-14.474) | (-4.276) |
| N | 22 847 | 15 371 | 7 476 |
| 调整的 $R^2$ | 0.804 | 0.811 | 0.787 |

*、**、***分别表示显著性水平为 0.1、0.05、0.01；括号内为 $t$ 值；估计结果基于公司层面聚类的稳健标准误

表5第（1）列显示，解释变量LnSales系数的 $\beta_1$ 为0.891 6，在0.01水平上显著为正。这表明，整体上企业税费支出与营业收入之间存在显著的敏感性。这意味着虽然我国税款征收"以计划为中心"，但由于税收与计税基础之间固有的联系，我国企业税费支出与企业经营仍然高度相关。

进一步将样本上市公司分为收入下降组和收入上升组两组，分别比较两组上市公司的税负敏感性，结果如表5第（2）列、第（3）列所示。表5显示，变量LnSales的系数均显著为正，表明两组上市公司税费支出与营业收入之间存在敏感性。同时，我们注意到，营业收入上升组上市公司，变量LnSales的系数为0.938 8，而收入下降组，变量LnSales的系数为0.834 9，两者存在较大差异。这为我国企业在收入上升与收入下降时，税费支出变化的"不对称性"提供了初步证据。我们将在下文利用模型（2）对这种差异的统计显著性进行检验。

为了更直观反映两组上市公司税负敏感性差异，我们在图3展示了样本企业税负敏感性的年度变化趋势。图3中纵轴为两组样本公司采用模型（1）回归时变量LnSales的系数。在图3中我们可以看到，收入上升组公司的税负敏感性，明显高于收入下降组公司。2008年以后，两组上市公司税负敏感性差异有所减小，但差异仍然存在。图3还显示，整体上，我国上市公司税负敏感性存在一个缓慢下降的趋势，该下降趋势主要体现在收入上升组公司，收入下降组公司税负敏感性变化趋势不明显。

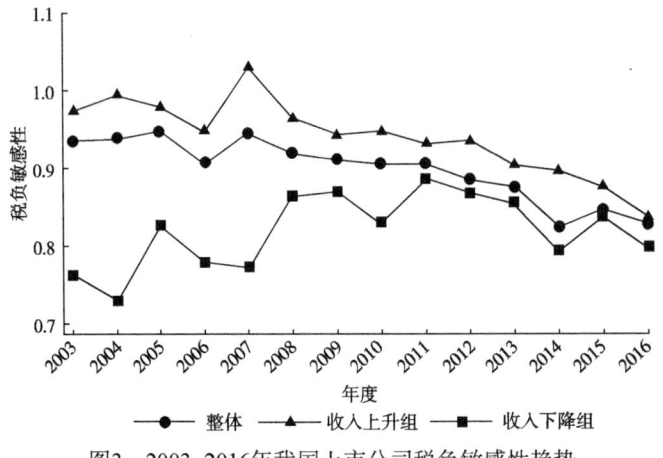

图3 2003~2016年我国上市公司税负敏感性趋势

## 2. 企业税负敏感性的"不对称性"检验

通过将样本上市公司分组，前文已经发现我国企业税负敏感性在收入上升与收入下降时存在差异。接下来，我们利用模型（2），对我国企业收入上升与收入下降时，税负敏感性的"不对称性"进行进一步验证，结果如表6所示。

**表6 税负敏感性的"不对称性"检验**

| 变量 | （1）全部税费 LnTax | （2）增值税 LnVAT | （3）营业税 LnBT | （4）所得税 LnCIT |
|---|---|---|---|---|
| $D$ | 1.083 8*** | 1.328 8*** | 0.138 0 | 1.637 6*** |
|  | （5.931） | （5.410） | （0.325） | （5.664） |
| LnSales | 0.917 7*** | 0.882 7*** | 0.661 4*** | 0.965 3*** |
|  | （79.549） | （60.805） | （23.547） | （57.297） |
| $D×$LnSales | −0.046 6*** | −0.058 8*** | −0.008 6 | −0.070 0*** |
|  | （−5.380） | （−5.074） | （−0.434） | （−5.192） |
| Size | 0.004 8*** | 0.006 3*** | 0.017 4*** | 0.004 0*** |
|  | （7.457） | （7.189） | （9.805） | （4.841） |
| Leverage | −0.055 6 | 0.036 0 | 0.574 1*** | −0.298 8*** |
|  | （−0.790） | （0.368） | （3.241） | （−2.966） |
| Capint | 0.277 7*** | 0.344 8*** | −0.989 1*** | −0.532 1*** |
|  | （3.726） | （3.149） | （−5.299） | （−4.859） |
| Invint | 0.328 3*** | −0.289 5** | 1.394 2*** | 0.284 2** |
|  | （3.812） | （−2.313） | （5.812） | （2.429） |
| ROA | 0.490 4*** | 0.230 7 | −3.704 9*** | 5.732 7*** |
|  | （2.781） | （0.984） | （−8.100） | （18.841） |
| Gmargin | 2.889 6*** | 1.991 6*** | 2.336 1*** | 3.463 9*** |
|  | （35.344） | （15.760） | （10.971） | （28.329） |
| Region | 控制 | 控制 | 控制 | 控制 |
| Indcd | 控制 | 控制 | 控制 | 控制 |
| Year | 控制 | 控制 | 控制 | 控制 |
| 截距项 | −3.405 9*** | −2.744 4*** | −1.445 8** | −6.114 8*** |
|  | （−12.712） | （−8.277） | （−2.283） | （−15.855） |
| $N$ | 22 847 | 19 392 | 20 106 | 22 911 |
| 调整的 $R^2$ | 0.805 | 0.680 | 0.544 | 0.652 |

**、***分别表示显著性水平为0.05、0.01；括号内为$t$值；估计结果基于公司层面聚类的稳健标准误

在表6第（1）列我们可以看到，企业营业收入变量LnSales的系数显著为正，而交叉项$D×$LnSales系数显著为负，表明相对于营业收入上升时，企业税负敏感性在营业收入下降时显著更低。这意味着我国上市公司的税负敏感性在企业营业收入上升或者收入下降时存在不对称性。

在表6第（2）列、第（3）列、第（4）列，我们进一步区分税种进行检验。我国企

业缴纳的三大主要税种包括增值税、营业税、所得税。由于我国会计实务中将企业增值税视为代收款项,未在财务报告中披露具体支出信息,我们参考刘骏和刘峰(2014)的方法对企业增值税支出进行估算,同时利用利润表、现金流量表相关项目及其附注信息,对企业缴纳的营业税、所得税税费支出进行估算。具体估算方法见表1变量定义。

从表6第(2)列、第(3)列、第(4)列可以看到,因变量为增值税支出(LnVAT)、所得税支出(LnCIT)时,交叉项$D\times LnSales$系数显著为负。其中,关于企业所得税支出的发现,与王百强等(2018)一致。而因变量为营业税支出(LnBT)时,交叉项系数不显著,说明我国企业税负刚性主要表现在增值税、所得税这两大税种上。营业税未表现出明显的刚性特征,可能与我国上市公司缴纳营业税相对较少,税务部门并未对上市公司缴纳的营业税给予足够重视有关。

由此,我们得到初步结论:我国上市公司税费支出与营业收入之间存在敏感性;我国企业微观层面的税负刚性特征,主要表现为企业税负敏感性在收入上升、收入下降时的"不对称性"。这种刚性特征,在我国企业主体税种增值税、所得税中均存在。

(三)进一步检验

**1. 企业税负刚性与预算收入计划完成情况**

如前文理论分析所言,企业税负存在刚性特征,可能是在目前"以计划为中心"的税收征管模式下,宏观层面的税收刚性向微观企业层面传递的结果。我们首先检验税收计划执行对企业税负刚性的影响。

由于税收计划执行情况的数据难以取得,我们利用各省(区、市)"一般公共预算收入"计划完成情况[①]作为替代。根据各省(区、市)的预算收入计划完成情况,将样本上市公司分为三组:所在省(区、市)当年预算收入计划未完成的、完成率为100%~110%的、完成率为110%以上的,分别对三组样本企业的税负刚性特征进行检验。检验结果如表7所示。

表7 不同预算收入计划完成情况的省(区、市)企业税负刚性检验

| 变量 | (1) 未完成 LnTax | (2) 完成率为100%~110% LnTax | (3) 完成率为110%以上 LnTax |
| --- | --- | --- | --- |
| $D$ | 0.827 0* | 1.080 6*** | 1.343 1*** |
|  | (1.840) | (4.501) | (3.479) |
| LnSales | 0.866 1*** | 0.926 4*** | 0.929 6*** |
|  | (35.625) | (73.746) | (62.491) |
| $D\times LnSales$ | −0.032 6 | −0.045 9*** | −0.060 9*** |
|  | (−1.550) | (−4.048) | (−3.275) |
| Controls | 控制 | 控制 | 控制 |

---

① 资料来源于各省(区、市)历年政府工作报告,计划完成率=(1+实际增长率)/(1+计划增长率)。

续表

| 变量 | （1）未完成 LnTax | （2）完成率为100%~110% LnTax | （3）完成率为110%以上 LnTax |
| --- | --- | --- | --- |
| 截距项 | −2.240 2*** | −3.532 1*** | −3.804 7*** |
|  | （−4.045） | （−12.208） | （−11.505） |
| N | 3 117 | 13 316 | 6 414 |
| 调整的 $R^2$ | 0.796 | 0.811 | 0.795 |

*、***分别表示显著性水平为0.1、0.01；括号内为 $t$ 值；估计结果基于公司层面聚类的稳健标准误

表7第（1）列交叉项 $D \times LnSales$ 系数不显著，第（2）列、第（3）列交叉项系数显著，表明当年预算收入计划未完成的省（区、市），辖区内企业税负未表现出刚性特征。而当年完成，或者超额完成预算收入计划的省（区、市），辖区内企业均表现出明显的税负刚性，说明企业税负刚性与预算收入计划完成情况存在紧密联系。

**2. 企业税负刚性与税收征管强度**

税收计划的完成情况在很大程度上取决于税务部门的征管努力。吕冰洋和李峰（2007）发现，税收征管效率的提高是我国税收增长超过GDP增长的主要原因，税收征管效率对税收增长的作用在增值税和企业所得税上均有体现。因此，税务部门的税收征管努力可能是企业税负刚性的重要影响因素。

我们参考Xu等（2011）、陈德球等（2016）的做法，分年度估算我国各省（区、市）的税收征管强度指数。并按照指数排序，将我国划分为税收征管强度较低、较高两个区域，分别对两个区域内上市公司的税负刚性及其差异进行检验，结果如表8所示。

**表8　不同税收征管强度地区的企业税负刚性检验**

| 变量 | （1）征管强度较低 LnTax | （2）征管强度较高 LnTax | （3）组间差异 LnTax |
| --- | --- | --- | --- |
| $D$ | 0.671 4*** | 1.540 2*** | 0.689 4*** |
|  | （2.698） | （5.877） | （2.789） |
| LnSales | 0.928 9*** | 0.903 8*** | 0.916 2*** |
|  | （58.917） | （55.246） | （69.908） |
| TE_D |  |  | −0.001 7 |
|  |  |  | （−0.005） |
| $D \times LnSales$ | −0.027 7** | −0.067 4*** | −0.028 7** |
|  | （−2.326） | （−5.489） | （−2.432） |
| $D \times TE\_D$ |  |  | 0.830 3** |
|  |  |  | （2.306） |
| LnSales×TE_D |  |  | 0.001 0 |
|  |  |  | （0.062） |

续表

| 变量 | （1）征管强度较低 LnTax | （2）征管强度较高 LnTax | （3）组间差异 LnTax |
|---|---|---|---|
| D×LnSales×TE_D | | | −0.037 1** |
| | | | (−2.184) |
| Controls | 控制 | 控制 | 控制 |
| 截距项 | −3.965 1*** | −2.728 6*** | −3.377 9*** |
| | (−11.098) | (−7.193) | (−11.437) |
| N | 13 400 | 9 447 | 22 847 |
| 调整的 $R^2$ | 0.777 | 0.840 | 0.805 |

**、***分别表示显著性水平为0.05、0.01；括号内为 t 值；估计结果基于公司层面聚类的稳健标准误

表8第（1）列、第（2）列显示，税收征管强度较低、较高两个区域内，企业税负均表现出刚性特征。但此时我们并不能轻易认定这表示税收刚性与税收征管强度无关。因为，计划型税收征管模式在全国范围内均存在，各地税收收入本身已经是强力征收的结果。利用Xu等（2011）、陈德球等（2016）的做法，对地区预期税收收入的拟合，本身已经包含了计划型税收征管模式的影响。因此，如此估算出的税收征管强度指数，只能用来比较各地区税收征管强度的相对差异，而并不代表上市公司所在地税收征管绝对意义上的宽松或者严格。

表8第（3）列比较了两个区域上市公司税收刚性差异的显著性。TE_D为税收征管强度虚拟变量，若上市公司位于税收征管强度指数较高地区，则取1，否则取0。交叉项D×LnSales×TE_D即反映了两个区域上市公司税收刚性的差异。我们发现交叉项系数显著为负，表明税收征管强度较高地区，企业税负刚性显著更高。

### 3. 不同税收负担企业的税负刚性

我们进一步根据上市公司的整体税负状况，将样本分为较轻、中等、较重三组，分别对各组上市公司税负刚性进行检验。参考刘骏和刘峰（2014），我们用"税费支出占营业收入的比重"衡量企业的整体税负，结果如表9所示。

表9 不同税收负担的企业税负刚性检验

| 变量 | （1）税负较轻 LnTax | （2）税负中等 LnTax | （3）税负较重 LnTax |
|---|---|---|---|
| D | −0.247 7 | 0.132 2 | 0.846 5*** |
| | (−0.854) | (1.620) | (4.539) |
| LnSales | 0.928 2*** | 0.992 0*** | 0.974 8*** |
| | (52.051) | (249.549) | (93.953) |
| D×LnSales | 0.011 5 | −0.005 4 | −0.036 7*** |
| | (0.840) | (−1.403) | (−4.171) |
| Controls | 控制 | 控制 | 控制 |

续表

| 变量 | （1）税负较轻 LnTax | （2）税负中等 LnTax | （3）税负较重 LnTax |
|---|---|---|---|
| 截距项 | -3.658 9*** | -2.996 0*** | -2.028 8*** |
|  | (-9.615) | (-34.852) | (-8.602) |
| N | 6 487 | 8 179 | 8 181 |
| 调整的 $R^2$ | 0.796 | 0.979 | 0.943 |

\*\*\*表示显著性水平为0.01；括号内为 t 值；估计结果基于公司层面聚类的稳健标准误

表9显示，我国上市公司税负刚性主要体现在税负较重的样本。税负较轻和税负中等的上市公司税负未表现出刚性特征。表明税负刚性可能是企业税负较重的一个重要原因。这也意味着，在当前落实为企业减税降费、激发经济活力的过程中，企业税负存在刚性是一个值得重视的问题。

### （四）稳健性检验

**1. 中位数回归**

表3的描述性统计中我们可以看到税费支出与营业收入指标的均值高于中位数，虽然经过1%、99%分位数winsorize处理，仍然存在较大差异，说明样本公司税费支出、营业收入存在一些异常值。虽然本文对企业税费支出、企业营业收入进一步取对数进行处理，可以在一定程度上缓解该问题，但为了结果更加可靠，我们利用中位数回归的方法，对本文结果重新检验，主要结果如表10所示，可以发现结果与表5、表6基本一致，说明极端值并未影响本文结果。

表10 稳健性检验（中位数回归）

| 变量 | （1）全部样本 LnTax | （2）收入上升组 LnTax | （3）收入下降组 LnTax | （4）全部样本 LnTax |
|---|---|---|---|---|
| LnSales | 0.924 0*** | 0.949 8*** | 0.888 0*** | 0.945 0*** |
|  | (214.388) | (173.058) | (146.819) | (201.860) |
| D |  |  |  | 0.883 5*** |
|  |  |  |  | (7.360) |
| D×LnSales |  |  |  | -0.037 7*** |
|  |  |  |  | (-6.610) |
| Controls | 控制 | 控制 | 控制 | 控制 |
| 截距项 | -3.222 2*** | -3.852 5*** | -2.451 6*** | -3.714 6*** |
|  | (-34.085) | (-31.979) | (-18.601) | (-36.162) |
| N | 22 847 | 15 371 | 7 476 | 22 847 |
| 伪 $R^2$ | 0.607 7 | 0.617 0 | 0.586 8 | 0.609 2 |

\*\*\*表示显著性水平为0.01；括号内为 t 值；估计结果基于公司层面聚类的稳健标准误

## 2. 剔除亏损样本

盈利企业所得税税费支出会随着税前利润的增长而增长,而亏损企业按照税法不需要支付所得税。因此,企业在亏损时,企业所得税支出不一定随营业收入相应下降。这是企业所得税负存在刚性的一种可能的解释。为此,我们剔除样本中发生亏损的上市公司,对企业整体税费支出、所得税税费支出刚性重新进行检验,结果如表11所示。从表11中我们可以发现,检验结果与表5、表6、表7一致,说明本文发现的上市公司整体税负、所得税税负刚性,并非亏损企业所得税引起。

**表11 稳健性检验(剔除亏损样本)**

| 变量 | (1) 全部税费 LnTax | (2) 全部税费 LnTax | (3) 所得税 LnCIT | (4) 所得税 LnCIT |
|---|---|---|---|---|
| LnSales | 0.909 6*** (76.959) | 0.927 7*** (77.646) | 0.936 6*** (56.262) | 0.965 9*** (55.427) |
| D | | 0.752 9*** (3.777) | | 1.183 9*** (3.812) |
| D×LnSales | | -0.031 3*** (-3.323) | | -0.048 1*** (-3.326) |
| Controls | 控制 | 控制 | 控制 | 控制 |
| 截距项 | -3.335 4*** (-11.975) | -3.749 3*** (-13.484) | -5.722 4*** (-14.838) | -6.395 2*** (-16.006) |
| N | 20 528 | 20 528 | 20 819 | 20 819 |
| 调整的 $R^2$ | 0.803 | 0.804 | 0.654 | 0.656 |

\*\*\*表示显著性水平为0.01;括号内为 $t$ 值;估计结果基于公司层面聚类的稳健标准误

## 3. 差分模型

一些企业费用敏感性、黏性研究文献(Murphy 1986,Anderson et al. 2003,孙铮和刘浩 2004,Leone et al. 2006)采用差分模型进行检验,我们也利用差分模型,对因变量与解释变量用差分形式对本文结果重新进行检验,主要结果如表12所示。从表12中可以看出,结果与表5、表6是一致的。

**表12 稳健性检验(差分模型)**

| 变量 | (1) 全部样本 ΔLnTax | (2) 收入上升组 ΔLnTax | (3) 收入下降组 ΔLnTax | (4) 全部样本 ΔLnTax |
|---|---|---|---|---|
| ΔLnSales | 0.636 6*** (31.457) | 0.781 4*** (31.060) | 0.419 6*** (10.250) | 0.772 5*** (30.446) |
| D | | | | 0.012 0 (1.010) |

续表

| 变量 | （1）全部样本 ΔLnTax | （2）收入上升组 ΔLnTax | （3）收入下降组 ΔLnTax | （4）全部样本 ΔLnTax |
|---|---|---|---|---|
| D×ΔLnSales | | | | −0.408 3*** |
| | | | | （−9.552） |
| Controls | 控制 | 控制 | 控制 | 控制 |
| 截距项 | −0.083 9** | −0.274 4*** | 0.127 7 | −0.156 7*** |
| | （−2.144） | （−5.652） | （1.284） | （−4.065） |
| N | 22 255 | 15 787 | 6 468 | 22 255 |
| 调整的 $R^2$ | 0.164 | 0.165 | 0.054 | 0.171 |

**、***分别表示显著性水平为 0.05、0.01；括号内为 $t$ 值；估计结果基于公司层面聚类的稳健标准误

### 4. 剔除2003年后上市样本

新上市公司规模、行业、经营状况等特征，可能与样本中以前年度已经存在的上市公司存在差异。为了消除新上市公司对本文结果可能产生的影响，我们剔除了2003年后新上市的公司样本，对本文结果重新进行检验。表13列示了检验的主要结果。检验结果与前文一致，说明新上市公司样本未对本文结果产生实质性的影响。

表13 稳健性检验（剔除2003年后上市样本）

| 变量 | （1）全部样本 LnTax | （2）收入上升组 LnTax | （3）收入下降组 LnTax | （4）全部样本 LnTax |
|---|---|---|---|---|
| LnSales | 0.873 8*** | 0.928 2*** | 0.809 4*** | 0.904 0*** |
| | （62.632） | （65.631） | （43.118） | （64.493） |
| D | | | | 1.333 8*** |
| | | | | （5.842） |
| D×LnSales | | | | −0.057 6*** |
| | | | | （−5.332） |
| Controls | 控制 | 控制 | 控制 | 控制 |
| 截距项 | −2.166 6*** | −3.395 0*** | −0.642 5 | −2.851 2*** |
| | （−6.752） | （−10.736） | （−1.492） | （−8.978） |
| N | 15 026 | 10 426 | 4 600 | 15 026 |
| 调整的 $R^2$ | 0.816 | 0.823 | 0.803 | 0.818 |

***表示显著性水平为 0.01；括号内为 $t$ 值；估计结果基于公司层面聚类的稳健标准误

## 五、研究结论

本文利用我国2003~2016年沪市和深市A股主板上市公司数据,检验了计划型税收征管模式对微观企业税负的影响。结果发现,我国微观企业税负存在"刚性"特征,具体表现为:企业营业收入下降时,企业税费支出降低的速度,显著低于企业收入上升时税费支出增加的速度。这种刚性特征在企业缴纳的主要税种增值税、所得税税负中均有体现。进一步检验发现,企业税负刚性与地方政府预算收入计划执行情况有关。当年预算收入计划完成,或者大幅超额完成的省(区、市),企业税负表现出刚性特征,而在预算收入计划未完成的省(区、市),则未表现出明显的刚性特征;并且,在税收征管强度较高的地区,企业税负刚性显著更高。此外,我们还发现企业税负刚性主要体现在税负较重的企业中,表明税负刚性可能是部分企业税负较重的原因。

在"刚性"的企业税负下,企业降低税费支出的能力与意愿,与西方税制环境下存在较大的差异。这一点可能意味着,西方企业税收研究中应用的理论与逻辑,在我国情境下的适用性需要进行反思。我国的微观企业税收研究,需要更加重视本身的特殊制度背景,在特定的场景下,甚至需要建立自己的理论与逻辑起点。

此外,本文的研究表明,在"刚性"的企业税负下,一旦企业经营状况下滑,单位营业收入承担的税费支出反而更高。这意味着在经济下行期间,计划型税收征管模式不但会妨碍企业税收优惠政策落到实处,而且会加剧经营状况下滑企业的"税负痛感"。这一点,有助于我们进一步了解"以计划任务为中心"的税收征管模式的弊端,对当前制定推进"减税降费"政策落实、为实体经济注入活力的配套政策措施具有参考价值。

## 参 考 文 献

陈德球,陈运森,董志勇. 2016. 政策不确定性、税收征管强度与企业税收规避. 管理世界,(5):151-163.
陈海霞. 2008. 从我国税收超经济增长现象看税收计划问题. 税务研究,(9):12-15.
杜兴强,王丽华. 2007. 高层管理当局薪酬与上市公司业绩的相关性实证研究. 会计研究,(1):58-65.
冯海波. 2009. 计划型税收收入增长机制的形成机理及其影响. 税务研究,(10),28-31.
冯辉,沈肇章. 2015. 晋升激励、攫取之手与地方财政超收. 当代财经,(6):35-44.
方军雄. 2009. 我国上市公司高管的薪酬存在粘性吗?经济研究,(3):110-124.
方军雄. 2011. 高管权力与企业薪酬变动的非对称性. 经济研究,(4):107-120.
高培勇. 2006. 中国税收持续高速增长之谜. 经济研究,(12):13-23.
宫希魁. 2011. 地方政府公司化倾向及其治理. 财经问题研究,(4):3-11.
龚启辉,刘慧龙,申慧慧. 2010. 地区要素市场发育、国有控股与成本和费用粘性. 中国会计评论,(4):431-446.

黄秀珍. 2001. 必须改变以计划任务为中心的税收工作方法. 税务研究，（8）：54-56.
孔玉生，朱乃平，孔庆根. 2007. 成本粘性研究：来自中国上市公司的经验证据. 会计研究，（11）：58-65.
匡小平，何灵. 2006. 税收计划：扬弃还是保留——兼论我国税收的超经济增长. 经济体制改革，（1）：79-83.
梁上坤. 2015. 管理者过度自信、债务约束与成本粘性. 南开管理评论，18（3）：122-131.
刘骏，刘峰. 2014. 财政集权、政府控制与企业税负——来自中国的证据. 会计研究，（1）：21-27.
刘芍佳，孙霈，刘乃全. 2003. 终极产权论、股权结构及公司绩效. 经济研究，（4）：51-62.
刘武. 2006. 企业费用"粘性"行为：基于行业差异的实证研究. 中国工业经济，（12）：105-112.
吕冰洋，李峰. 2007. 中国税收超GDP增长之谜的实证解释. 财贸经济，（3）：29-36.
吕冰洋，郭庆旺. 2011. 中国税收高速增长的源泉：税收能力和税收努力框架下的解释. 中国社会科学，（2）：76-90.
世界银行. 2006. 政府治理、投资环境与和谐社会：中国120个城市竞争力的提高. 北京：中国财政经济出版社.
孙铮，刘浩. 2004. 中国上市公司费用"粘性"行为研究. 经济研究，（12）：26-34.
王百强，孙昌玲，伍利娜，等. 2018. 企业纳税支出粘性研究：基于政府税收征管的视角. 会计研究，（5）：28-35.
吴联生. 2009. 国有股权、税收优惠与公司税负. 经济研究，（10）：109-120.
杨国林，张阳凡，何凌. 2017. 新常态下地税部门税收收入计划模式研究. 经济研究参考，（17）：59-62.
叶康涛，侯唯珠，黄铮. 2018. 中国上市公司避税行为：事实与解释. 当代会计评论，11（3）：23-46.
张军. 2011. 朱镕基与分税制. 新民周刊，（41）：46-47.
郑文敏. 2005. 税收计划与依法治税的关系. 税务研究，（5）：55-59.
周黎安. 2007. 中国地方官员的晋升锦标赛模式研究. 经济研究，7（36）：36-50.
周黎安. 2018. "官场+市场"与中国增长故事. 社会，38（2）：1-45.
朱红军，王迪，李挺. 2016. 真实盈余管理动机下的研发投资决策后果——基于创新和税收的分析视角. 南开管理评论，19（4）：36-48.
Anderson M C, Banker R D, Janakiraman S N. 2003. Are selling, general, and administrative costs "sticky"? Journal of Accounting Research, 41（1）：47-63.
Blanchard O, Shleifer A. 2001. Federalism with and without political centralization: China versus Russia. IMF Staff Papers, 48（1）：171-179.
Chen D, Li O Z, Xin F. 2017. Five-year plans, China finance and their consequences. China Journal of Accounting Research, 10（3）：189-230.
Leone A J, Wu J S, Zimmerman J L. 2006. Asymmetric sensitivity of CEO cash compensation to stock returns. Journal of Accounting Economics, 42（1~2）：167-192.
Li X, Liu C, Weng X, et al. 2018. Target setting in tournaments: theory and evidence from china. Economic Journal, Forthcoming.
Li H, Zhou L A. 2005. Political turnover and economic performance: the incentive role of personnel control in China. Journal of Public Economics, 89（9）：1743-1762.
Lin J Y, Liu Z. 2000. Fiscal decentralization and economic growth in China. Economic Development and Cultural Change, 49（1）：1-21.
Montinola G, Qian Y, Weingast B R. 1995. Federalism, Chinese style: the political basis for economic success in China. World Politics, 48（1）：50-81.
Murphy K J. 1985. Corporate performance and managerial remuneration: an empirical analysis. Journal of Accounting & Economics, 7（1）：11-42.
Murphy K J. 1986. Incentives, learning, and compensation: a theoretical and empirical investigation of managerial labor contracts. Rand Journal of Economics, 17（1）：59-76.

Murphy K J. 1999. Chapter 38 executive compensation. Handbook of Labor Economics, 3（3）：2485-2563.

Qian Y, Weingast B R. 1997. Federalism as a commitment to preserving market incentives. The Journal of Economic Perspectives, 11（4）：83-92.

Xu W, Zeng Y, Zhang J. 2011. Tax enforcement as a corporate governance mechanism：empirical evidence from China. Corporate Governance：An International Review, 19（1）：25-40.

# Tax Rigidity：The Characteristics of Corporate Tax Burden Under the Central-Planned Tax Administration in China

## Jun Liu[1], Wei Xue[2] and Feng Liu[3]

1. School of Accounting, Institute of Capital Market and Audit Governance Studies for the Great Bay Area Guangdong, Hong-Kong, Macau, Guangdong University of Finance and Economics, Guangzhou, Guangdong, China 510320

2. Xiamen National Accounting Institute, Xiamen, Fujian, China 361005

3. Center for Accounting Studies of Xiamen University and School of Management, Xiamen University, Xiamen, Fujian, China 361005

**Abstract**：For decades, China has adopted taxation administration based on the top-down central-planned system that usually specify a minimum amount of taxes to be collected. This means that once the tax-collecting plans are formulated, they will be at least fulfilled in general. In this paper, we ask the question: what is the impact of the tax-plan-oriented administration on corporate tax burden at the firm level? We answer this question by examining a sample of companies listed on China's A-share market from 2003 to 2016. We find that the tax burdens of individual firms in China exhibit a form of rigidity in that tax expenditures decrease at a significantly lower rate when sales revenue decreases than the rate at which they increase when sales revenue increases. Tax rigidity is manifested in both the Value Added Tax (VAT) and Corporate Income Tax (CIT) burdens which constitute the majority of firms' tax burdens in China. Further research shows that tax rigidity mainly exists for firms in the provinces where the annual tax revenue targets are just achieved or well exceeded, and is more pronounced for firms in the provinces where tax collections are strictly enforced. In addition, we find that tax rigidity mainly exists in the firms with heavy tax burdens. Our findings are useful for understanding the reality of corporate tax burden in China and improving the current economic policies dubbed as "Tax Cuts and Fee Reductions" for enterprises.

**Keywords**：tax rigidity；tax-collecting plan；corporate tax burden；tax administration.

# 地区关系文化、反腐败政策冲击与公司创新*

邓晓飞[1] 辛宇[2] 徐莉萍[2]

(1. 北京大学汇丰商学院,广东 深圳 518055; 2. 中山大学现代会计与财务研究中心/管理学院,广东 广州 510275)

【摘要】 本文使用"地区关系文化强度"度量"地区腐败程度",以2012年党的十八大以来更为强势的反腐败政策实施为背景,根据"地区腐败程度"将上市公司划分为"高腐败地区"上市公司和"低腐败地区"上市公司,通过使用DID(difference-in-difference,双重差分)方法来考察反腐败政策冲击对公司创新的影响。研究发现:在反腐败政策冲击下,相对于"低腐败地区"上市公司,"高腐败地区"上市公司在创新投入强度和创新产出方面有更为明显的提高,即反腐败政策冲击对公司创新具有激励效果。进一步研究发现,这种激励效应主要存在于国有公司及正式制度相对更为完善的地区。

【关键词】 关系文化 反腐败 公司创新

## 一、引 言

自1978年改革开放以来,我国经济取得了举世瞩目的成就。国家统计局的统计数据显示,1978~2018年,我国年度实际GDP(国内生产总值)增长率平均值高达9.5%,人均名义GDP从最初的229美元增加到9 769美元,年均复合增长率高达9.8%;自2010年起,我国GDP总量一直稳居世界第2位。然而,与GDP总量名列前茅不同的是,在创新能力上,我国与发达国家之间仍存在较为明显的差距:根据康奈尔大学、英士国际商学院和世界知识产权组织(World Intellectual Property Organization,WIPO)发布的全球创新指数排名,2014~2018年,在创新能力上,名列前茅的是瑞士、荷兰、瑞典、英国、新加坡、美

---

\* 邓晓飞,在站博士后,E-mail:dxfly007@163.com;辛宇(通讯作者),教授,E-mail:mnsxy@mail.sysu.edu.cn;徐莉萍,教授,E-mail:xuliping@mail.sysu.edu.cn。本文受国家社会科学基金重大项目"国有企业监督制度改革与创新研究"(17ZDA086)的资助。

国、芬兰、丹麦等发达国家，而我国的排名则在第17~29名。

国家创新能力的差异是不同国家的公司创新能力差异的总体表现。North（1990）和Williamson（2000）的制度理论认为，制度环境所确定的经济激励会引导个人和组织的选择，公司行为主要受制于制度环境。因此，公司创新能力差异的一个重要原因可能在于公司在不同的制度环境下会有不同的创新激励。地区腐败程度是制度环境的一个重要维度。在腐败程度高的环境中，关系文化盛行，资源有限的公司经营者不得不将更多精力和资源花费在关系建设（如建立政治关联）上，该类活动可能属于会导致腐败的寻租性活动，相应地公司经营者对创新这样的生产性活动的投入就会明显减少。因此，地区腐败可能会降低公司对创新投入的意愿。

创新是公司建立竞争优势的关键，也是宏观经济增长的不竭动力（Solow 1956, Romer 1990, Hall et al. 2005, Kogan et al. 2017，龙小宁 2018）。在我国经济增速换挡和转型升级的新常态下，进一步激发公司创新能力变得尤为重要与迫切。2012年11月8日，党的十八大召开，会议选举产生了新一届中央领导集体，新一届领导集体上任之后开展了大规模的反腐败活动。这次反腐败活动实施的反腐败政策具有事前不可预测、影响巨大的特点（王茂斌和孔东民 2016）。反腐败政策冲击能否促进公司创新呢？这是本文所要回答的核心问题。

借鉴王茂斌和孔东民（2016）对地区腐败程度的度量方法，本文使用叶文平等（2016）的"地区关系文化强度"度量"地区腐败程度"，将我国A股上市公司划分为"高腐败地区"上市公司和"低腐败地区"上市公司，通过DID方法考察上市公司创新行为在反腐败政策实施前后的变化。本文研究发现：相对于"低腐败地区"上市公司，"高腐败地区"上市公司在反腐败政策实施后，创新投入强度和创新产出的提高更加明显。这说明反腐败政策冲击对公司创新具有激励效果。进一步的研究还发现，这种激励效应主要存在于国有公司及正式制度相对更为完善的地区。

本文的研究贡献主要体现在以下几个方面。

首先，本文为"反腐有利论"提供了经验证据的支持。在反腐败问题上，现有研究有两种对立观点：一种是"反腐有害论"，认为腐败可以减少官僚主义和降低运营成本，进而提升公司绩效和促进经济增长，属于驱使经济车轮向前的"润滑剂"（Wang and You 2012）；另一种是"反腐有利论"，认为腐败增加了交易成本和阻碍公司投资，以致资源无法得到有效配置，进而损害经济增长，属于阻碍经济车轮向前的"沙子"（Mauro 1995, Bertrand et al. 2007, Cai et al. 2011）。本文在反腐败政策背景下考察反腐败政策冲击对公司创新的影响，发现反腐败政策使得上市公司的创新投入强度及其产出有明显提高，表明反腐败政策使得公司将有限的资源更加专注于创新这样的生产性活动，进而为"反腐有利论"提供了经验证据的支持。

其次，本文使用"地区关系文化强度"度量"地区腐败程度"，拓展了对地区腐败的度量方法。如何度量腐败程度一直是现有文献的难题。本文使用叶文平等（2016）的"地区关系文化强度"度量"地区腐败程度"，同时考虑了公司在关系文化活动中的费用和时间支出，是对"地区腐败程度"度量方法的尝试与拓展。

再次，本文使用DID方法在缓解内生性问题担忧的基础上反向识别了地区腐败与公司创新的因果关系，这丰富了我们对创新影响因素的认识。现有文献主要从公司财务特征、公司治理结构、行业特征等角度考察创新的影响因素，从宏观制度环境视角，特别是从地区腐败维度考察创新影响因素的研究目前还相对较少。此外，腐败与创新之间的关系其实也存在很强的内生性。本文在使用DID方法考察反腐败政策冲击对公司创新影响的同时，也在缓解内生性问题担忧的基础上反向识别了地区腐败与公司创新的因果关系，进一步地，本文还用大量的稳健性检验来克服内生性问题，这巩固和强化了我们对公司创新影响因素的认识。

最后，本文丰富了反腐败政策经济后果方面的研究文献。现有文献通过我国官员落马的场景或中共十八大的反腐败政策冲击考察了反腐败的经济后果，包括市场反应（Zhou 2017）、投资支出和投资效率（金宇超等 2016，Pan and Tian 2017）、会计信息质量（Fan et al. 2014，王茂斌和孔东民 2016）、公司市场绩效（王茂斌和孔东民 2016，钟覃琳等 2016）、经济增长（汪锋等 2018）等多个方面。本文从公司创新（包括投入与产出等）方面丰富了反腐败政策经济后果的研究文献。

本文其他部分的结构安排如下：第二部分在文献回顾和理论分析的基础上提出本文的研究假说；第三部分是研究设计；第四部分报告本文的主体实证结果并进行分析；第五部分是若干进一步的分析与讨论；第六部分是稳健性检验；第七部分是本文的研究结论与启示。

## 二、文献回顾、理论分析与研究假说

### （一）地区腐败与公司创新的关系

公司发展主要有两种方式（Iriyama et al. 2016）：一是对内创新以提升内生增长能力。Hall等（2005）、Kogan等（2017）的研究表明，创新是公司建立竞争优势的关键。二是对外寻求资源支持。资源依赖理论（Pfeffer and Salancik 2003）认为，任何一个组织都不可能拥有维持生存和发展所必需的全部资源，都需要通过获取环境中的资源来维持生存和发展。例如，公司通过选聘具有政治背景的独立董事主动建立政治关联就是一种典型的寻求外部资源支持的活动（Agrawal and Knoeber 2001，谢志明和易玄 2014）。不过，在现实中，公司自身拥有的资源、企业家的精力和时间等终究是有限的，它们需要在对内创新投入、对外寻求资源支持这两种活动之中有所侧重。杨其静（2011）的研究表明，在我国的制度背景下，资源有限的公司需要在对内创新和对外寻求政治关联之间进行权衡。North（1990）和Williamson（2000）的制度理论认为，制度环境所确定的经济激励会引导个人和组织的选择，公司行为主要受制于制度环境。因此，公司到底是侧重于对内创新投入还是对外寻求资源支持，主要取决于制度环境。

地区腐败程度是制度环境的一个重要维度，其可能会阻碍公司的创新行为。在腐败程度高的地区，关系文化较为浓厚，公司经营者需要在关系活动（这类活动可能存在寻租行为和导致腐败）中投入更多的精力和资源，进而就会减少对创新这种生产性活动的投入。李新春等（2016）研究发现，在关系文化过于浓重的地区，不但存在高昂的人际互动成本，而且存在日益复杂化的腐败寻租活动带来的附加制度成本，导致企业家逐渐偏离了基于市场进行资源配置的竞争战略。Li等（2016）研究发现，在关系文化比较强的地区，企业家的"拉关系"行为明显更多；而企业家对地区关系文化偏离的程度越小，其公司创新能力越弱。Murphy等（1993）的研究也表明，寻租活动可以带来超额收益，导致社会的资源和人才从生产性的实业投资活动向非生产性的寻租活动转移，进而对公司创新活动有"挤出效应"。

### （二）反腐败政策冲击与公司创新的关系及研究假说的提出

2012年11月8日，党的十八大召开，选举产生了新一届中央领导集体，大会报告明确提出"要坚持中国特色反腐倡廉道路，坚持标本兼治、综合治理、惩防并举、注重预防方针，全面推进惩治和预防腐败体系建设，做到干部清正、政府清廉、政治清明"[①]。此后，包括中央政治局的八项规定和六项禁令、强化中央巡视、"中组部18号文"等在内的一系列反腐倡廉的举措陆续实施。党的十八大以来反腐败运动的力度之大，远远超过以往时期。这场反腐败运动在广度、深度和高度等方面都是前所未有的（郑永年 2017）：其广度表现在反腐败运动涉及的官员数量方面，数以万计的官员被审判，并且仍然不断有新的官员被调查；其深度表现在反腐败运动涉及的各个"死角"方面，这次反腐败运动可以说已经覆盖经济、社会、政治和文化等各个领域；其高度表现在反腐败运动涉及的高级干部层级上，所调查和审判的官员包括原政治局常委，甚至是现任中央政治局委员。2017年9月18日，《人民日报》头版显著位置系统述评了党的十八大以来的反腐败运动成果（温红彦等 2017）：截至2017年6月底，共立案审查中管干部280多人、厅局级干部8 600多人、县处级干部6.6万人。截至2017年8月，第十八届中央委员会成员已有34人落马，包括17名中央委员和17名中央候补委员。

可见，党的十八大以来的反腐败运动及其所带来的冲击是意义深远的实质性制度变革，是一个极为重要的政策节点，是对之前反腐败欠账的一次集中清偿。这必然会对公司的营商环境、商业模式、行为方式、决策特征等产生深远影响，最为明显的影响之一就是反腐败政策冲击提高了公司走关系（如建立政治关联）和利用关系进行寻租腐败的成本，优化了营商环境，进而有助于公司将精力和支出从寻租活动转回到生产性活动，增强了公司从事创新的激励。

基于前述分析，本文提出如下研究假说：其他条件不变，"高腐败地区"上市公司在受到反腐败政策冲击之后，相对于"低腐败地区"上市公司，其创新投入强度（创新产出）会有更加明显的提高，即反腐败政策冲击对公司创新投入（创新产出）的提高具有激励效应。

---

[①] 胡锦涛. 坚定不移沿着中国特色社会主义道路前进 为全面建成小康社会而奋斗——在中国共产党第十八次全国代表大会上的报告. http://news.china.com.cn/politics/2012-11/20/content_27165856_9.htm，2012-11-08.

## 三、研究设计

### （一）检验模型与变量定义

为检验以上假说，本文构建如下DID模型：

$$RD_{i,t} = \alpha_0 + \beta_1 Treat_{i,t} + \beta_2 Post_{i,t} + \beta_3 Treat_{i,t} \times Post_{i,t} + \beta \sum Controls_{i,t-1} + \varepsilon_{i,t} \quad (1)$$

其中，$RD_{i,t}$表示第$i$个公司在第$t$年的创新投入强度；$Treat_{i,t}$表示处理组虚拟变量；$Post_{i,t}$表示反腐败政策冲击；$Controls_{i,t}$表示各控制变量；$\alpha_0$表示常数项；$\beta$表示回归系数；$\varepsilon_{i,t}$表示残差项。

在对主检验［即模型（1）］进行考察时，因变量RD是公司创新投入强度。本文将公司当年的研发支出除以当年的营业收入得到的研发强度RD_i作为公司创新投入强度的代理指标1；将公司当年的研发支出除以当年的总资产得到的研发强度RD_a作为公司创新投入强度的代理指标2。

在第五部分"进一步的分析与讨论"中，我们还基于公司专利数据从创新产出角度考察反腐败政策冲击对公司创新的影响。公司的专利数据来自CSMAR数据库，可分为专利申请数量和专利授予数量，也可进一步细分为发明专利、非发明专利（包括实用新型专利和外观设计专利）。因此，我们从创新产出角度构造了六个被解释变量，分别为总专利申请数量（All_app）、发明专利申请数量（Inven_app）、非发明专利申请数量（Ninven_app）、总专利授予数量（All_gra）、发明专利授予数量（Inven_gra）、非发明专利授予数量（Ninven_gra）[①]。

本文使用虚拟变量Treat划分处理组与控制组。当公司属于处理组时，Treat为1，否则为0，即处理组为"高腐败地区"上市公司，控制组为"低腐败地区"上市公司。关于腐败程度的度量，一直是现有文献的难题。现有文献主要使用《中国检察年鉴》的"各省官员贪污贿赂立案数"度量"地区腐败程度"。然而，这种度量方式存在争议，原因在于它既可能度量"腐败程度"，也可能度量"反腐败程度"（聂辉华和王梦琦 2014，杨其静和蔡正喆 2016）。有文献通过公司的"招待差旅费"从费用支出维度度量"公司腐败程度"[如Cai等（2011）]，也有文献通过"公司与政府部门打交道的时间"从时间支出维度度量"公司腐败程度"[如Wang和You（2012）]，还有文献通过基于地区层面统计的数据度量"地区腐败程度"[如王茂斌和孔东民（2016），使用世界银行于2006年基于城市层面的调查统计数据——"公司招待费与旅游支出在总销售额中的比例"度量"地区腐败程度"]。

---

[①] 将创新产出作为补充检验的原因主要基于如下两点考虑：一是由于数据的可获得限制，创新投入数据和创新产出数据的样本数量存在一定差异，分别进行考察会显得更为清晰一些；二是反腐败政策冲击对公司创新的影响会直接表现在创新投入方面，而创新产出则具有相对更为明显的滞后性，这样导致我们在基于创新产出进行考察时可能还并不能完全观察到反腐败政策冲击带来的最为充分的作用效果。

借鉴上述文献对腐败程度的度量方法，本文使用叶文平等（2016）的"地区关系文化强度"（兼顾考虑公司在关系文化活动中的费用和时间支出）度量"地区腐败程度"。本文根据"地区腐败程度"的中位数将样本分为处理组与控制组[①]。"地区关系文化强度"从叶文平等（2016）获得。叶文平等（2016）使用2000~2010年偶数年的6次全国私营公司抽样调查数据计算一个地区公司平均关系投入强度（包括公司在关系活动中的时间支出和公关招待费用支出），以度量地区关系规则的约束力，即该地区关系文化强度大小。本文以6次调查数据计算得到的数值的平均值度量"地区腐败程度"[②]。"地区腐败程度"的分布如图1所示。

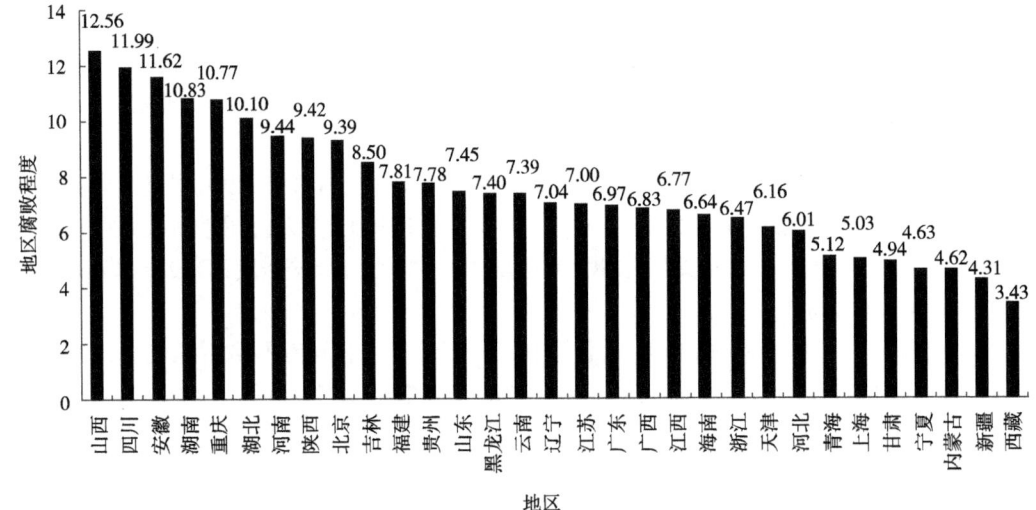

图1 "地区腐败程度"的分布

资料来源：原始数据来源于叶文平等（2016）

本文使用虚拟变量Post来划分反腐败政策前后的时间窗口。由表1我们可以发现，从中华人民共和国成立至党的十八大召开之前的63年内，因涉嫌腐败犯罪或严重违纪、违法落马的省部级及以上官员为145人，平均每年2.3人；而党的十八大召开之后至2014年底，两年多时间内因涉嫌犯罪或严重违纪、违法落马的省部级及以上官员达68人，平均每年34.0人（吴高庆和钱文杰 2015）。由图2，基于全国纪检监察机关查处腐败案件数量（立案件数和处分人数）的历年趋势（过勇 2017），我们也可以发现，2008~2012年，数据的

---

[①] 基于外生政策冲击在不同组别具有异质性，根据公司、行业、宏观变量特征划分处理组与控制组的相关文献包括 Vig（2012）、王茂斌和孔东民（2016）、Campello 和 Larrain（2016）、钱雪松和方胜（2017）等。例如，王茂斌和孔东民（2016）根据地区宏观变量——"公司招待费与旅游支出在总销售额中的比例"（世界银行于2006年基于城市层面的调查统计数据）划分处理组与控制组（即"高腐败地区"上市公司和"低腐败地区"上市公司），使用 DID 方法考察上市公司财务行为在党的十八大反腐败政策实施前后的变化，进而识别反腐败政策的经济后果和反向识别腐败的经济后果。

[②] 为增强研究结论的可信性，本文还进行了一系列的稳健性检验，研究结论未发生明显改变。相关检验包括：根据"地区腐败程度"从高到低将上市公司分为 3 组，去掉中间组，然后将余下两组分别作为处理组与控制组；使用2010年的"地区关系文化强度"（原始数据最近一期）衡量"地区腐败程度"进而划分处理组与控制组；剔除西藏、新疆、内蒙古、宁夏、甘肃这5个经济欠发达地区的样本以降低研究噪声后再重新划分处理组与控制组；直接使用"地区腐败程度"这一连续型数据衡量变量 Treat 并进行连续型 DID 分析。

变化趋势比较平缓和稳定，而从2013年开始，这两项数据表现出快速上升的趋势。表1和图2的变化趋势都表明党的十八大以来的反腐败力度之大、决心之强及效果之明显。

表1  党的十八大召开前后查处省部级及以上官员的数据比较

| 阶段 | 案件数/件 | 平均数/人 |
| --- | --- | --- |
| 党的十八大召开之前 | 145 | 2.3 |
| 党的十八大召开之后至2014年底 | 68 | 34.0 |

资料来源：吴高庆和钱文杰（2015）

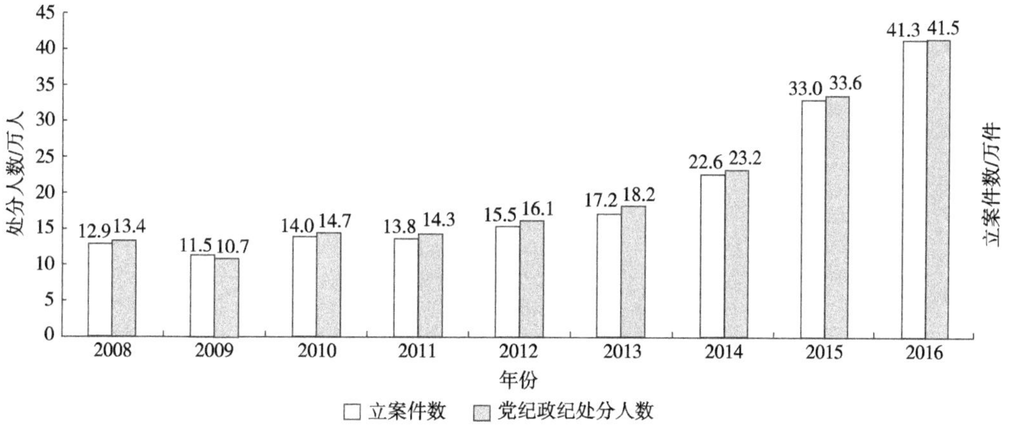

图2  全国纪检监察机关查处腐败案件的立案件数和处分人数

资料来源：过勇（2017）

根据以上分析，与王茂斌和孔东民（2016）、钟覃琳等（2016）一致，本文以2013年为事件年。考虑到样本期间过长会导致分析结果受到其他政策或事件的影响，本文选择政策前后3年做对比分析，即2013~2015年为事件后时间窗口，取值为1。同时，在党的十八大召开当年（即2012年），由于正处在两种制度变迁过程之中的过渡阶段，反腐败政策的影响效果较难判断，本文剔除了2012年的样本，以2009~2011年为事件前时间窗口，取值为0。交互项（Treat×Post）衡量了反腐败政策冲击对公司创新的影响。

在控制变量（Controls）方面，参考Tian和Wang（2011）、Fang等（2014）、袁建国等（2015），本文控制了一系列的公司财务特征变量和公司治理结构变量。公司财务特征变量包括公司规模（Size）、营利能力（ROA）、总资产负债率（LEV）、公司成长性（TobinQ）、经营性现金流量净额与营业收入之比（Opcashp）。公司治理结构变量包括董事会规模（Lnboard）、独立董事比例（Outdirp）、董事长与总经理两职合一（Dual）、第一大股东持股比例（Big1）、管理层持股比例（Mangownp）、机构投资者持股比例（Instiownp）。考虑到我国制度背景的实际情况，本文也控制了公司产权性质（SOE）、产品市场竞争强度（HHI）、地区市场化指数（MKT）。为缓解可能存在的内生性问题，本文将以上控制变量滞后一期处理。此外，本文还控制了行业虚拟变量（Industry）。回归分析中涉及的各变量的定义及其详细度量方法见表2。

表2 各变量的定义及其详细度量方法

| 变量 | 变量符号 | 变量定义 |
|---|---|---|
| 被解释变量 | | |
| 创新投入强度指标1 | RD_i | 公司年度研发支出占营业收入的比重 |
| 创新投入强度指标2 | RD_a | 公司年度研发支出占总资产的比重 |
| 创新产出指标1 | All_app | 总专利申请数量 |
| 创新产出指标2 | Inven_app | 发明专利申请数量 |
| 创新产出指标3 | Ninven_app | 非发明专利申请数量 |
| 创新产出指标4 | All_gra | 总专利授予数量 |
| 创新产出指标5 | Inven_gra | 发明专利授予数量 |
| 创新产出指标6 | Ninven_gra | 非发明专利授予数量 |
| 解释变量 | | |
| 处理组虚拟变量 | Treat | 根据"地区腐败程度"的中位数，本文将样本公司分为处理组与控制组，当公司注册地位于"高腐败地区"时，Treat为1，否则为0。地区关系文化强度指数来自叶文平等（2016）。本文使用6次调查数据计算获得的数值的平均值衡量"地区腐败程度" |
| 反腐败虚拟变量 | Post | 2013~2015年是事件后时间窗口，取值为1；2009~2011年是事件前时间窗口，取值为0 |
| 交互项 | Treat×Post | 处理组虚拟变量Treat与反腐败虚拟变量Post的交互项。交互项衡量了反腐败政策冲击对公司创新的影响 |
| 控制变量 | | |
| 公司规模 | Size | 公司年度平均总资产的自然对数 |
| 营利能力 | ROA | 公司年度净利润/平均总资产 |
| 总资产负债率 | LEV | 公司年度总负债/年度资产 |
| 公司成长性 | TobinQ | 公司年末的托宾Q值，等于（市值+负债）/总资产 |
| 经营性现金流量净额与营业收入之比 | Opcashp | 公司年度经营性现金流量净额与营业收入之比 |
| 董事会规模 | Lnboard | 董事会全体董事人数取对数 |
| 独立董事比例 | Outdirp | 独立董事人数/董事会人数 |
| 董事长与总经理两职合一 | Dual | 虚拟变量，当董事长兼任总经理时取值为1，否则为0 |
| 第一大股东持股比例 | Big1 | 公司第一大股东所持股份占公司股份总额的比例 |
| 管理层持股比例 | Mangownp | 公司管理层所持股份占公司股份总额的比例 |
| 机构投资者持股比例 | Instiownp | 机构投资者所持股份占公司流通股份的比例 |
| 公司产权性质 | SOE | 国有企业取值为1，民营企业取值为0 |
| 产品市场竞争强度 | HHI | 使用基于主营业务收入计算的行业HHI（Herfindahl-Hirschman index，赫芬达尔-赫尔曼指数）进行衡量，该值越小，说明公司所在行业的竞争程度越激烈 |
| 地区市场化指数 | MKT | 公司注册地所属省（区、市）的市场化指数，数据来自王小鲁等（2017） |
| 行业 | Industry | 根据中国证券监督管理委员会2001年行业分类标准，制造业按二级代码分类，共10个行业 |

## （二）样本选择与数据来源

考虑到样本期间过长会导致分析结果受到其他政策或事件的影响，本文选择政策前后3年（即2009~2011年vs2013~2015年）为样本区间。为了更好地进行政策前后的对比，样本公司的上市时间限定在2010年之前（不包括2010年）。由于我国A股上市公司制造业以外的公司多数不披露公司的研发投入数据，且这些行业的多数公司在不从事创新活动的情况下仍可以持续经营，本文以制造业的上市公司为研究样本。在剔除相关变量缺失的样本后，本文最终获得3 817个公司-年度观测值，其中样本公司数量为826家。相关的样本筛选过程参见表3。

**表3　样本筛选过程**

| 样本筛选步骤 | 数量/家 |
| --- | --- |
| 初始样本数量 | 16 640 |
| 剔除： | |
| 　非制造业的公司-年样本 | -7 085 |
| 　2012年的公司-年样本 | -1 432 |
| 　公司上市时间在2009年之后（即自2010年起）的公司-年样本 | -2 840 |
| 　相关变量数据缺失的样本 | -1 466 |
| 最终有效样本数量 | 3 817 |

为了降低极端值的影响以增强研究结论的可靠性，本文对所有连续变量进行了1%的缩尾处理。本文用以度量"地区腐败程度"的"地区关系文化强度"来自叶文平等（2016），市场化指数来自王小鲁等（2017），机构投资者持股数据来自Wind数据库，使用的其他公司财务数据、公司治理数据均来自CSMAR数据库。

# 四、实证结果分析

## （一）描述性统计分析

表4报告了变量的描述性统计结果。被解释变量之一RD_i的均值是0.027 5，说明我国制造业上市公司研发支出占营业收入的比值为2.75%，可见我国上市公司的创新投入强度仍有待提高。控制变量方面，Treat的均值为0.469 0，说明处理组与控制组的样本差不多；LEV的均值为0.472 7，说明样本内上市公司的资产负债率高达47.27%；Big1的均值为0.348 1，中位数为0.333 0，说明我国A股上市公司股权集中、"一股独大"的现象仍较为普遍；Instiownp的均值为0.083 9，说明样本内的机构投资者持股比例均值为8.39%，这个数值相对于发达国家的资本市场还比较小。SOE的均值为0.518 5，说明样本内民营企业与国有企业所占比例差不多。HHI的均值为0.042 0、中位数为0.035 1，说明制造业各子行业的竞争程度均比较激烈。

**表4 变量的描述性统计结果**

| 变量名称 | 观测值 | 均值 | 标准差 | 最小值 | 1/4分位 | 中位数 | 3/4分位 | 最大值 |
|---|---|---|---|---|---|---|---|---|
| RD_i | 3 817 | 0.027 5 | 0.023 8 | 0.000 1 | 0.007 9 | 0.024 7 | 0.038 6 | 0.118 9 |
| RD_a | 3 817 | 0.017 0 | 0.014 6 | 0.000 1 | 0.005 1 | 0.014 2 | 0.024 8 | 0.072 1 |
| Treat | 3 817 | 0.469 0 | 0.499 1 | 0 | 0 | 0 | 1.000 0 | 1.000 0 |
| Post | 3 817 | 0.597 6 | 0.490 4 | 0 | 0 | 1.000 0 | 1.000 0 | 1.000 0 |
| Size | 3 817 | 21.898 0 | 1.187 4 | 19.580 9 | 21.053 1 | 21.747 0 | 22.590 2 | 25.264 0 |
| ROA | 3 817 | 0.042 1 | 0.062 4 | −0.163 3 | 0.009 3 | 0.034 4 | 0.073 1 | 0.232 5 |
| LEV | 3 817 | 0.472 7 | 0.197 8 | 0.066 0 | 0.323 7 | 0.475 9 | 0.620 8 | 0.932 8 |
| TobinQ | 3 817 | 2.443 7 | 1.550 8 | 0.884 3 | 1.400 6 | 1.958 1 | 2.934 8 | 9.438 5 |
| Opcashp | 3 817 | 0.073 4 | 0.117 7 | −0.325 2 | 0.015 4 | 0.068 6 | 0.136 6 | 0.414 5 |
| Lnboard | 3 817 | 2.181 1 | 0.187 8 | 1.609 4 | 2.079 4 | 2.197 2 | 2.197 2 | 2.708 1 |
| Outdirp | 3 817 | 0.366 7 | 0.050 3 | 0.300 0 | 0.333 3 | 0.333 3 | 0.384 6 | 0.571 4 |
| Dual | 3 817 | 0.200 9 | 0.400 8 | 0 | 0 | 0 | 0 | 1.000 0 |
| Big1 | 3 817 | 0.348 1 | 0.143 0 | 0.085 0 | 0.233 6 | 0.333 0 | 0.444 9 | 0.738 7 |
| Mangownp | 3 817 | 0.066 8 | 0.149 2 | 0 | 0 | 0.000 1 | 0.018 3 | 0.637 5 |
| Instiownp | 3 817 | 0.083 9 | 0.117 0 | 0 | 0.003 7 | 0.032 6 | 0.118 7 | 0.551 3 |
| SOE | 3 817 | 0.518 5 | 0.499 7 | 0 | 0 | 1.000 0 | 1.000 0 | 1.000 0 |
| HHI | 3 817 | 0.042 0 | 0.025 3 | 0.019 6 | 0.026 5 | 0.035 1 | 0.046 2 | 0.174 7 |
| MKT | 3 817 | 7.211 7 | 1.700 8 | 2.870 0 | 6.100 0 | 7.410 0 | 8.580 0 | 9.950 0 |

### （二）相关性分析

变量之间的Pearson相关性分析结果表明[①]，各解释变量之间的相关系数均小于0.5，说明不存在严重的多重共线性的问题；Treat与创新投入强度呈显著负相关关系，而Post与创新投入强度呈显著正相关关系。当然，被解释变量与主要解释变量之间较为严谨的关系，需要通过下文的多元回归分析进行检验。

### （三）回归分析

表5中列（1）~列（4）是以RD_i为解释变量的回归结果。表5中列（1）报告了控制行业固定效应但未将控制变量纳入考虑的OLS（ordinary least square，普通最小二乘）回归结果。由列（1）可以看到，交互项Treat×Post在0.01的水平上显著为正值。列（2）进一步加入了控制变量，交互项Treat×Post依然保持在0.01的水平上显著为正值，这表明：受到反腐败政策冲击之后，相对于"低腐败地区"上市公司，"高腐败地区"上市公司的创新投入强度有更明显的提高。在表5的列（3）和列（4），本文分别对反腐败政策实施前后两年、前后一年的数据进行进一步回归分析，交互项Treat×Post仍然在0.01的水平上显著为正值。以上结果支持了本文的研究假说。在表5的列（5）~列（8）中，以RD_a为

---

① 限于篇幅，相关性分析表未报告，可根据要求提供。

解释变量重新进行回归,除列(7)交互项系数的显著性有所下降(降至在0.1的水平上显著)之外,整体实证结果与列(1)~列(4)保持一致。

表5 反腐败政策冲击与公司创新的回归分析

| 变量 | (1) RD_i [-3,3] | (2) RD_i [-3,3] | (3) RD_i [-2,2] | (4) RD_i [-1,1] | (5) RD_a [-3,3] | (6) RD_a [-3,3] | (7) RD_a [-2,2] | (8) RD_a [-1,1] |
|---|---|---|---|---|---|---|---|---|
| Treat×Post | 0.0042*** | 0.0045*** | 0.0040*** | 0.0050*** | 0.0021** | 0.0023** | 0.0018* | 0.0026*** |
|  | (2.82) | (3.04) | (2.77) | (3.21) | (2.22) | (2.48) | (1.91) | (2.59) |
| Treat | -0.0039** | -0.0001 | 0.0001 | -0.0010 | -0.0030*** | -0.0005 | -0.0002 | -0.0004 |
|  | (-2.38) | (-0.08) | (0.06) | (-0.64) | (-2.95) | (-0.55) | (-0.21) | (-0.38) |
| Post | 0.0076*** | 0.0097*** | 0.0091*** | 0.0070*** | 0.0033*** | 0.0049*** | 0.0047*** | 0.0032*** |
|  | (7.88) | (8.67) | (8.16) | (5.82) | (4.95) | (6.60) | (6.19) | (3.93) |
| Size |  | -0.0014** | -0.0015** | -0.0016** |  | -0.0018*** | -0.0021*** | -0.0020*** |
|  |  | (-2.39) | (-2.21) | (-2.17) |  | (-4.37) | (-4.36) | (-3.80) |
| ROA |  | -0.0041 | -0.0058 | -0.0039 |  | 0.0390*** | 0.0385*** | 0.0390*** |
|  |  | (-0.43) | (-0.53) | (-0.28) |  | (6.53) | (5.74) | (4.40) |
| LEV |  | -0.0256*** | -0.0271*** | -0.0307*** |  | -0.0057*** | -0.0065*** | -0.0085*** |
|  |  | (-7.24) | (-6.91) | (-6.46) |  | (-2.69) | (-2.78) | (-3.00) |
| TobinQ |  | 0.0011** | 0.0009* | 0.0004 |  | -0.0002 | -0.0005 | -0.0007* |
|  |  | (2.58) | (1.84) | (0.76) |  | (-0.69) | (-1.37) | (-1.84) |
| Opcashp |  | 0.0132*** | 0.0143*** | 0.0021 |  | 0.0009 | 0.0017 | -0.0022 |
|  |  | (2.87) | (3.03) | (0.36) |  | (0.40) | (0.64) | (-0.64) |
| Lnboard |  | 0.0007 | 0.0006 | -0 |  | 0.0007 | -0 | -0.0017 |
|  |  | (0.20) | (0.17) | (-0.01) |  | (0.35) | (-0.02) | (-0.73) |
| Outdirp |  | 0.0020 | -0.0006 | -0.0057 |  | -0.0008 | -0.0025 | -0.0098 |
|  |  | (0.18) | (-0.05) | (-0.46) |  | (-0.11) | (-0.35) | (-1.22) |
| Dual |  | 0.0029** | 0.0032** | 0.0037** |  | 0.0013 | 0.0016* | 0.0013 |
|  |  | (2.08) | (2.20) | (2.29) |  | (1.52) | (1.70) | (1.28) |
| Big1 |  | -0.0033 | -0.0011 | -0.0015 |  | 0.0068** | 0.0082*** | 0.0072** |
|  |  | (-0.84) | (-0.27) | (-0.33) |  | (2.37) | (2.72) | (2.18) |
| Mangownp |  | 0.0218*** | 0.0216*** | 0.0184*** |  | 0.0082*** | 0.0068** | 0.0057* |
|  |  | (4.66) | (4.49) | (3.66) |  | (2.76) | (2.23) | (1.74) |
| Instiownp |  | 0.0122** | 0.0124** | 0.0123* |  | 0.0127*** | 0.0150*** | 0.0145*** |
|  |  | (2.24) | (2.01) | (1.71) |  | (3.53) | (3.61) | (3.02) |
| SOE |  | 0.0008 | 0.0003 | -0.0001 |  | 0.0003 | -0.0001 | -0.0003 |
|  |  | (0.56) | (0.18) | (-0.09) |  | (0.37) | (-0.12) | (-0.23) |
| HHI |  | 0.0566 | 0.0435 | 0.3059** |  | 0.0309 | 0.0386 | 0.1513* |
|  |  | (1.17) | (0.85) | (2.41) |  | (1.08) | (1.25) | (1.93) |

续表

| 变量 | (1) RD_i [-3,3] | (2) RD_i [-3,3] | (3) RD_i [-2,2] | (4) RD_i [-1,1] | (5) RD_a [-3,3] | (6) RD_a [-3,3] | (7) RD_a [-2,2] | (8) RD_a [-1,1] |
|---|---|---|---|---|---|---|---|---|
| MKT |  | 0.001 5*** | 0.001 4*** | 0.001 3*** |  | 0.001 2*** | 0.001 2*** | 0.001 3*** |
|  |  | (4.49) | (3.91) | (3.37) |  | (5.47) | (4.82) | (4.96) |
| 截距项 | 0.006 1*** | 0.024 9* | 0.029 2* | 0.028 9 | 0.007 1*** | 0.029 8*** | 0.038 0*** | 0.040 7*** |
|  | (3.26) | (1.71) | (1.87) | (1.56) | (5.10) | (2.97) | (3.39) | (3.04) |
| Industry | 控制 | 控制 | 控制 | 控制 | 控制 | 控制 | 控制 | 控制 |
| $N$ | 3 817 | 3 817 | 2 723 | 1 391 | 3 817 | 3 817 | 2 723 | 1 391 |
| 调整的 $R^2$ | 0.211 | 0.359 | 0.369 | 0.350 | 0.122 | 0.247 | 0.261 | 0.240 |
| $F$ | 35.90 | 26.97 | 25.28 | 20.53 | 17.89 | 21.78 | 21.51 | 17.06 |

*、**、***分别表示显著性水平为0.1、0.05、0.01；括号内的数字为变量估计系数的 $T$ 值（已对标准误进行公司层面的聚类）

在控制变量方面，表5的列（2）~列（4）的结果一致显示：Size与RD_i在0.05的水平上显著负相关，这表明规模小的公司创新投入更多，这可能是因为规模小的公司创新压力更大；LEV与RD_i在0.01的水平上显著负相关，这表明资产负债率高的公司创新投入更少，这可能是由于资产负债率高的公司现金流压力更大，所以其创新投入强度相对会小一些；Mangownp与RD_i在0.01的水平上显著正相关，这表明管理层持股比例大的公司创新投入更多，这可能是因为这时的激励相容程度更高，所以公司的创新投入强度也就更大；Instiownp与RD_i显著正相关，这表明机构投资者持股比例大的公司创新投入更多，说明机构投资者对提高公司的创新投入强度有正向的促进作用。

# 五、进一步的分析与讨论

## （一）反腐败政策冲击与公司动态创新投入

本部分考察反腐败政策冲击对公司创新投入的动态影响。图3是反腐败政策实施前后处理组与控制组创新投入强度均值的趋势图。由图3可以看到，在受到反腐败政策冲击之前，处理组（"高腐败地区"上市公司）与控制组的创新投入比较符合平行趋势，且处理组的均值均小于控制组的均值。而在受到反腐败政策冲击后的第一年，处理组的创新投入强度提高幅度更大，使得其与控制组的差距缩小，在受到反腐败政策冲击后的第二年和第三年，处理组的均值均高于控制组的均值。以上说明反腐败政策冲击对公司创新具有激励作用。

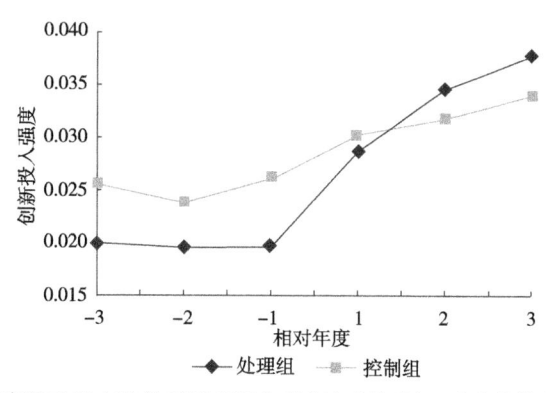

图3 反腐败政策实施前后处理组与控制组创新投入强度均值的趋势图

表6是反腐败政策冲击与公司动态创新投入的回归结果。表6中列（1）和列（2）是以RD_i为解释变量的回归结果。列（1）报告了控制行业固定效应但未将控制变量纳入考虑的OLS回归结果，列（2）进一步加入了控制变量，基准组均为控制组公司在受到反腐败政策冲击前三年的研发投入。列（1）和列（2）一致显示，相对于控制组公司在受到反腐败政策冲击前三年的创新投入，处理组公司在受到反腐败政策冲击前两年的创新投入与之没有显著的差异（交互项Treat×Before$^{-2}$不显著），处理组公司在受到反腐败政策冲击前一年的创新投入与之也没有显著的差异（交互项Treat×Before$^{-1}$不显著），这也说明受到反腐败政策冲击之前，处理组与控制组的创新投入强度符合平行趋势。但在受到反腐败政策冲击后第一年、第二年和第三年，处理组公司的创新投入强度均与之有显著的差异（交互项Treat×After$^{1}$、Treat×After$^{2}$、Treat×After$^{3}$均在0.05的水平上显著为正值）。根据列（2）的回归结果，具体地，相对于"低腐败地区"上市公司在反腐败政策实施前三年的创新投入，"高腐败地区"上市公司的创新投入在受到反腐败政策冲击后第一年、第二年、第三年均有提高，说明反腐败政策冲击对公司创新的正向促进作用有一定的持续性。在表6的列（3）和列（4），本文以RD_a为解释变量重新进行回归，结果基本保持一致。

**表6 反腐败政策冲击与公司动态创新投入的回归结果**

| 变量 | （1）RD_i | （2）RD_i | （3）RD_a | （4）RD_a |
| --- | --- | --- | --- | --- |
| Treat×Before$^{-2}$ | 0.002 1 | 0.001 8 | 0.001 6 | 0.001 4 |
|  | （1.05） | （0.96） | （1.27） | （1.16） |
| Treat×Before$^{-1}$ | −0 | 0.000 3 | 0.000 7 | 0.001 1 |
|  | （−0.02） | （0.14） | （0.49） | （0.78） |
| Treat×After$^{1}$ | 0.004 6* | 0.005 1** | 0.003 2** | 0.003 6** |
|  | （1.93） | （2.26） | （2.14） | （2.48） |
| Treat×After$^{2}$ | 0.004 5* | 0.004 9** | 0.002 1 | 0.002 5* |
|  | （1.80） | （2.09） | （1.35） | （1.65） |
| Treat×After$^{3}$ | 0.005 8** | 0.005 7** | 0.003 6** | 0.003 7** |
|  | （2.31） | （2.34） | （2.24） | （2.38） |

续表

| 变量 | （1）RD_i | （2）RD_i | （3）RD_a | （4）RD_a |
|---|---|---|---|---|
| Before$^{-2}$ | −0.001 0 | −0.002 2* | −0.000 5 | 0.000 4 |
|  | （−0.86） | （−1.65） | （−0.59） | （0.44） |
| Before$^{-1}$ | 0.001 2 | 0.000 5 | 0.001 4 | 0.002 3** |
|  | （0.96） | （0.33） | （1.59） | （2.30） |
| After$^{1}$ | 0.006 2*** | 0.007 9*** | 0.003 6*** | 0.005 7*** |
|  | （4.07） | （4.91） | （3.64） | （5.59） |
| After$^{2}$ | 0.007 5*** | 0.009 1*** | 0.004 1*** | 0.006 4*** |
|  | （4.78） | （5.27） | （3.93） | （5.67） |
| After$^{3}$ | 0.009 7*** | 0.011 2*** | 0.003 3*** | 0.005 9*** |
|  | （6.25） | （5.80） | （3.08） | （4.80） |
| Treat | −0.004 6** | −0.001 0 | −0.003 8*** | −0.001 5 |
|  | （−1.96） | （−0.47） | （−2.62） | （−1.05） |
| 截距项 | 0.006 0*** | 0.030 1** | 0.006 7*** | 0.033 2*** |
|  | （2.78） | （1.99） | （4.25） | （3.19） |
| Industry | 控制 | 控制 | 控制 | 控制 |
| 控制变量 | 控制 | 控制 | 控制 | 控制 |
| N | 3 817 | 3 817 | 3 817 | 3 817 |
| 调整的 $R^2$ | 0.213 | 0.361 | 0.122 | 0.248 |
| F | 25.48 | 22.76 | 12.20 | 17.68 |

*、**、***分别表示显著性水平为 0.1、0.05、0.01；括号内的数字为变量估计系数的 $T$ 值（已对标准误进行公司层面的聚类）

## （二）反腐败政策冲击与公司创新产出

本部分从创新产出角度考察反腐败政策冲击对公司创新的影响。表7是被解释变量的描述性统计，由于其标准差远大于其均值，考虑到其数据特点，本文用负二项计数模型进行回归分析，同时以泊松计数模型进行稳健性检验。

表7 被解释变量的描述性统计

| 变量 | 观测值 | 均值 | 标准差 | 最小值 | 1/4 分位 | 中位数 | 3/4 分位 | 最大值 |
|---|---|---|---|---|---|---|---|---|
| All_app | 2 920 | 40.972 6 | 97.727 9 | 1.000 0 | 5.000 0 | 12.000 0 | 29.000 0 | 699.000 0 |
| Inven_app | 2 920 | 15.828 4 | 39.361 8 | 0 | 1.000 0 | 4.000 0 | 11.000 0 | 278.000 0 |
| Ninven_app | 2 920 | 24.756 5 | 61.473 9 | 0 | 1.000 0 | 6.000 0 | 18.000 0 | 421.000 0 |
| All_gra | 2 920 | 133.549 0 | 327.506 9 | 1.000 0 | 15.000 0 | 39.000 0 | 103.000 0 | 2 425.000 0 |
| Inven_gra | 2 920 | 23.964 4 | 54.675 2 | 0 | 2.000 0 | 6.000 0 | 20.000 0 | 372.000 0 |
| Ninven_gra | 2 920 | 109.172 9 | 285.681 3 | 0 | 8.000 0 | 28.000 0 | 80.000 0 | 2 129.000 0 |

表8是基于负二项计数模型的回归结果。由表8可以发现，除列（5）以外，交互项Treat×Post均与被解释变量在0.05或0.01的水平上显著正相关，这表明受到反腐败政策冲击之后，"高腐败地区"上市公司在总专利申请数量、发明专利申请数量、非发明专利申请数量方面相对于"低腐败地区"上市公司有明显增加。不过，在专利授予方面，只有总专利授予数量和非发明专利授予数量有明显增加，在发明专利授予数量方面没有发现有明显增加的证据[①]。以上表明反腐败政策冲击的确对公司创新产出有积极的促进作用。表9是基于泊松计数模型的回归结果，结果与表8保持一致。

表8 基于负二项计数模型的反腐败政策冲击与公司创新产出

| 变量 | （1）All_app | （2）Inven_app | （3）Ninven_app | （4）All_gra | （5）Inven_gra | （6）Ninven_gra |
|---|---|---|---|---|---|---|
| Treat×Post | 0.290 1*** | 0.267 1** | 0.318 8*** | 0.203 8** | 0.070 2 | 0.267 4** |
|  | （3.11） | （2.48） | （2.68） | （2.11） | （0.69） | （2.43） |
| Treat | 0.086 6 | 0.079 8 | 0.156 0 | 0.033 7 | 0.146 5 | 0.012 0 |
|  | （0.80） | （0.73） | （1.10） | （0.26） | （1.08） | （0.08） |
| Post | −0.132 4* | 0.009 0 | −0.178 0* | 0.253 6*** | 0.622 4*** | 0.177 2** |
|  | （−1.73） | （0.10） | （−1.86） | （3.22） | （7.08） | （1.98） |
| 截距项 | −11.806 1*** | −14.373 8*** | −10.893 7*** | −11.548 9*** | −16.001 8*** | −10.404 9*** |
|  | （−10.80） | （−12.44） | （−8.46） | （−9.43） | （−13.64） | （−7.48） |
| Industry | 控制 | 控制 | 控制 | 控制 | 控制 | 控制 |
| 控制变量 | 控制 | 控制 | 控制 | 控制 | 控制 | 控制 |
| N | 2 920 | 2 920 | 2 920 | 2 920 | 2 920 | 2 920 |
| 伪 $R^2$ | 0.077 3 | 0.081 9 | 0.061 5 | 0.064 9 | 0.076 4 | 0.055 4 |

*、**、***分别表示显著性水平为0.1、0.05、0.01；括号内的数字为变量估计系数的Z值（已对标准误进行公司层面的聚类）

表9 基于泊松计数模型的反腐败政策冲击与公司创新产出

| 变量 | （1）All_app | （2）Inven_app | （3）Ninven_app | （4）All_gra | （5）Inven_gra | （6）Ninven_gra |
|---|---|---|---|---|---|---|
| Treat×Post | 0.310 4** | 0.352 7** | 0.292 2** | 0.427 6*** | 0.204 7 | 0.487 0*** |
|  | （2.32） | （2.22） | （2.04） | （2.94） | （1.46） | （3.10） |
| Treat | 0.222 6 | 0.128 4 | 0.268 9 | 0.084 8 | 0.055 1 | 0.077 6 |
|  | （1.37） | （0.81） | （1.50） | （0.44） | （0.29） | （0.38） |
| Post | −0.239 3** | −0.149 5 | −0.285 2** | 0.084 3 | 0.425 1*** | 0.010 6 |
|  | （−2.09） | （−1.22） | （−2.18） | （0.65） | （3.27） | （0.08） |
| 截距项 | −14.225 0*** | −16.256 6*** | −13.891 0*** | −13.871 7*** | −16.804 7*** | −13.824 7*** |
|  | （−10.91） | （−12.24） | （−9.24） | （−8.54） | （−10.80） | （−7.95） |
| Industry | 控制 | 控制 | 控制 | 控制 | 控制 | 控制 |
| 控制变量 | 控制 | 控制 | 控制 | 控制 | 控制 | 控制 |
| N | 2 920 | 2 920 | 2 920 | 2 920 | 2 920 | 2 920 |

**、***分别表示显著性水平为0.05、0.01；括号内的数字为变量估计系数的Z值（已对标准误进行公司层面的聚类）

---

① 交互项对发明专利授予数量没有产生显著影响，本文认为主要是由于发明专利的创新产出周期相对来说更长，进而交互项的作用效果也需要更长一段时期才能明显地反映出来。

## （三）基于公司产权性质层面的异质性检验

本部分根据公司产权性质分组考察反腐败政策冲击对公司创新投入的影响是否会因公司产权性质不同而有所不同。本文以公司产权性质（SOE）在事件年前一年（即2012年）的数值为基础，将样本分别划分为国有控股上市公司和非国有控股上市公司两个子样本，然后做异质性分析，表10是相应的回归结果。

表10 反腐败政策冲击与公司创新投入：基于公司产权性质的分组检验

| 变量 | （1）RD_i SOE=1 | （2）RD_i SOE=0 | （3）RD_a SOE=1 | （4）RD_a SOE=0 |
|---|---|---|---|---|
| Treat×Post | 0.004 7** | 0.003 3 | 0.003 2** | 0.001 3 |
|  | （2.26） | （1.52） | （2.31） | （0.93） |
| Treat | −0.001 3 | 0.002 5 | −0.001 6 | 0.001 2 |
|  | （−0.74） | （1.15） | （−1.23） | （0.76） |
| Post | 0.010 4*** | 0.008 7*** | 0.005 1*** | 0.004 2*** |
|  | （5.86） | （5.88） | （4.27） | （4.17） |
| 截距项 | 0.028 0 | −0.000 6 | 0.035 6*** | 0.001 3 |
|  | （1.29） | （−0.02） | （2.65） | （0.06） |
| Industry | 控制 | 控制 | 控制 | 控制 |
| 控制变量 | 控制 | 控制 | 控制 | 控制 |
| N | 1 921 | 1 841 | 1 921 | 1 841 |
| 调整的 $R^2$ | 0.340 | 0.368 | 0.231 | 0.248 |

**、***分别表示显著性水平为0.05、0.01；括号内的数字为变量估计系数的T值（已对标准误进行公司层面的聚类）

表10的列（1）和列（2）分别是国有控股上市公司和非国有控股上市公司两个子样本的回归结果。列（1）中交互项Treat×Post的系数为0.004 7，在0.05的水平上显著为正值，而在列（2）中该交互项的系数为0.003 3，小于0.004 7，且不显著。这表明反腐败政策冲击使得国有控股上市公司明显提高了创新投入强度，而对于非国有控股上市公司，则激励效应有限。这可能是因为，受到反腐败政策冲击之前，国有控股上市公司可以依赖政治寻租获取竞争优势（包括可以获得更多的政府订单），但反腐败政策冲击导致国有控股上市公司面临更多市场规则下的竞争（金宇超等 2016），此时，国有控股上市公司面对的业绩增长压力更大，相应的创新压力更大，从而创新投入强度的提高会更加明显。在表10中列（3）和列（4），本文以RD_a为解释变量重新进行回归，结果与列（1）和列（2）保持一致。

## （四）基于地区正式制度完善程度层面的异质性检验

本部分使用市场化指数衡量地区正式制度完善程度，分组考察反腐败政策冲击对公司创新投入的影响是否会因地区正式制度完善程度而有所不同。本文以分组变量在事件年前一年（即2012年）的数值［即王小鲁等（2017）中2012年的市场化指数］为基础，将样本划分为市场化指数高、市场化指数低两个子样本，然后做异质性分析。表11是相应的回归结果。

表11 反腐败政策冲击与公司创新投入：基于地区正式制度完善程度的分组检验

| 变量 | （1）RD_i $M_1$=1 | （2）RD_i $M_1$=0 | （3）RD_a $M_1$=1 | （4）RD_a $M_1$=0 | （5）RD_i $M_2$=1 | （6）RD_i $M_2$=0 | （7）RD_a $M_2$=1 | （8）RD_a $M_2$=0 |
|---|---|---|---|---|---|---|---|---|
| Treat×Post | 0.006 2*** | −0.000 3 | 0.003 2*** | −0.000 8 | 0.006 0** | 0.002 0 | 0.003 5** | 0.000 2 |
|  | （3.53） | （−0.10） | （2.85） | （−0.39） | （2.40） | （0.87） | （2.45） | （0.15） |
| Treat | 0 | 0.001 8 | −0.000 2 | −0.000 7 | −0.000 2 | 0.000 7 | −0.001 5 | 0.000 2 |
|  | （0.01） | （0.84） | （−0.14） | （−0.50） | （−0.07） | （0.40） | （−0.97） | （0.14） |
| Post | 0.008 8*** | 0.012 9*** | 0.004 7*** | 0.006 2*** | 0.010 0*** | 0.012 0*** | 0.006 2*** | 0.006 1*** |
|  | （5.91） | （5.44） | （4.82） | （3.94） | （4.51） | （5.82） | （4.30） | （4.42） |
| 截距项 | 0.013 2 | 0.019 2 | 0.026 3* | 0.023 7 | 0.013 4 | 0.028 8 | 0.025 2 | 0.034 4** |
|  | （0.66） | （0.52） | （1.88） | （1.14） | （0.55） | （1.07） | （1.53） | （2.07） |
| Industry | 控制 | 控制 | 控制 | 控制 | 控制 | 控制 | 控制 | 控制 |
| 控制变量 | 控制 | 控制 | 控制 | 控制 | 控制 | 控制 | 控制 | 控制 |
| N | 2 838 | 979 | 2 838 | 979 | 2 030 | 1 787 | 2 030 | 1 787 |
| 调整的 $R^2$ | 0.340 | 0.371 | 0.223 | 0.255 | 0.319 | 0.380 | 0.232 | 0.228 |

\*、\*\*、\*\*\*分别表示显著性水平为0.1、0.05、0.01；括号内的数字为变量估计系数的T值（已对标准误进行公司层面的聚类）

表11的列（1）和列（2）是根据地区市场化指数中位数分组［即分别是正式制度完善程度高的地区子样本（$M_1$=1）、正式制度完善程度低的地区子样本（$M_1$=0）］的回归结果。列（1）中交互项Treat×Post的系数为0.006 2，在0.01的水平上显著为正值，而在列（2）中该交互项的系数为−0.000 3，小于0.006 2，且不显著。这表明反腐败政策冲击使得正式制度完善程度高的地区的上市公司的创新投入强度有明显的提高，而对于正式制度完善程度低的地区的上市公司，则激励效应有限。这可能是因为，正式制度完善程度高的地区在产权保护水平、金融发展水平等方面表现更好，腐败成本也相对更高，使得公司面临更好的创新环境、更低的创新风险和更高的创新回报，从而具有更高的创新意愿。可见，虽然反腐败政策冲击改善了营商环境，使得公司经营理念从政治寻租走向市场规则，更加需要遵守市场竞争规则，但公司创新的激励效应是条件依存的，有赖于相对完善的正式制度环境。表11的列（3）和列（4）是以RD_a为解释变量重新进行回归的结果，结果与列（1）和列（2）保持一致。表11的列（5）~列（8）是根据地区市场化指数样本中位数分组的回归结果，结果与列（1）~列（4）基本保持一致。

# 六、稳健性检验

## （一）使用"公司-年度"双向固定效应DID模型

在前文的研究中，本文使用DID模型通过OLS回归考察了反腐败政策冲击对公司创新的影响。为控制不可观测的公司个体异质性对被解释变量的影响以增强研究结论的可信性，本部分使用DID模型通过"公司-年度"双向固定效应回归考察反腐败政策冲击对公司创新投入的影响。表12是相应的回归结果。表12中列（1）是全样本的回归结果，列（1）中交互项Treat×Post的系数为0.004 7，在0.01的水平上显著为正值，这表明反腐败政策冲击使得关系文化强度大的地区的上市公司创新投入强度明显提高；列（2）和列（3）是根据事件年前一年（即2012年）公司产权性质分组的回归结果，分别是国有控股上市公司和非国有控股上市公司两个子样本的回归结果，列（2）中交互项Treat×Post的系数为0.005 7，在0.01的水平上显著为正值，而在列（3）中该交互项的系数为0.001 7，小于0.005 7，且不显著，这表明反腐败政策冲击导致国有控股上市公司明显提高了创新投入强度，而对于非国有控股上市公司，则激励效应有限；列（4）和列（5）是根据事件年前一年（即2012年）地区市场化指数的中位数分组的回归结果，分别是正式制度完善程度高的地区上市公司子样本（$M=1$）和正式制度完善程度低的地区上市公司子样本（$M=0$）的回归结果，列（4）中交互项Treat×Post的系数为0.005 3，在0.01的水平上显著为正值，而在列（5）中该交互项的系数为-0.000 8，小于0.005 3，且符号为负，也不显著，这表明反腐败政策冲击导致正式制度完善程度高的地区的上市公司明显提高了创新投入强度，而对于正式制度完善程度低的地区的上市公司，则激励效应有限；在列（6）~列（10），本文以RD_a为解释变量重新进行回归，结果与列（1）~列（5）保持一致。以上结论与前文保持一致。

表12 稳健性检验1："公司-年度"双向固定效应

| 变量 | （1）RD_i 全样本 | （2）RD_i SOE=1 | （3）RD_i SOE=0 | （4）RD_i $M=1$ | （5）RD_i $M=0$ | （6）RD_a 全样本 | （7）RD_a SOE=1 | （8）RD_a SOE=0 | （9）RD_a $M=1$ | （10）RD_a $M=0$ |
|---|---|---|---|---|---|---|---|---|---|---|
| Treat×Post | 0.004 7*** | 0.005 7*** | 0.001 7 | 0.005 3*** | -0.000 8 | 0.002 3** | 0.003 2** | 0.000 3 | 0.003 6*** | -0.001 7 |
|  | （3.11） | （2.95） | （0.69） | （2.96） | （-0.27） | （2.38） | （2.34） | （0.22） | （3.06） | （-0.74） |
| 截距项 | -0.012 7 | -0.046 1 | 0.032 9 | 0.008 1 | -0.095 5 | 0.034 3* | 0.031 0 | 0.049 4* | 0.051 0** | -0.016 7 |
|  | （-0.39） | （-1.00） | （0.64） | （0.20） | （-1.61） | （1.74） | （1.04） | （1.78） | （2.18） | （-0.50） |
| Firm | 控制 | 控制 | 控制 | 控制 | 控制 | 控制 | 控制 | 控制 | 控制 | 控制 |
| Year | 控制 | 控制 | 控制 | 控制 | 控制 | 控制 | 控制 | 控制 | 控制 | 控制 |
| 控制变量 | 控制 | 控制 | 控制 | 控制 | 控制 | 控制 | 控制 | 控制 | 控制 | 控制 |
| $N$ | 3 817 | 1 921 | 1 841 | 2 838 | 979 | 3 817 | 1 921 | 1 841 | 2 838 | 979 |
| 调整的$R^2$ | 0.204 | 0.246 | 0.173 | 0.208 | 0.224 | 0.129 | 0.149 | 0.118 | 0.132 | 0.145 |
| $F$ | 16.91 | 12.44 | 8.29 | 14.27 | 5.01 | 9.99 | 6.98 | 5.42 | 8.66 | 3.21 |

*、**、***分别表示显著性水平为0.1、0.05、0.01；括号内的数字为变量估计系数的$T$值（已对标准误进行公司层面的聚类）；Firm表示公司固定效应；Year表示年度固定效应

### （二）增加信息技术行业的样本

在前文考察反腐败政策冲击对公司创新投入影响的研究中，考虑到公司研发支出数据披露的完整性，本文使用的是制造业的样本。由于信息技术行业对公司研发数据的披露也较为完整，本部分将信息技术行业的样本加入回归样本中，考察反腐败政策冲击对公司创新投入的影响。实证结果如表13所示，结论和前文保持一致。

### 表13 稳健性检验2：增加信息技术行业的样本

| 变量 | （1）RD_i 全样本 | （2）RD_i SOE=1 | （3）RD_i SOE=0 | （4）RD_i M=1 | （5）RD_i M=0 | （6）RD_a 全样本 | （7）RD_a SOE=1 | （8）RD_a SOE=0 | （9）RD_a M=1 | （10）RD_a M=0 |
|---|---|---|---|---|---|---|---|---|---|---|
| Treat×Post | 0.003 7** | 0.005 4** | 0.001 8 | 0.005 5** | −0.001 3 | 0.002 2** | 0.003 5** | 0.001 0 | 0.003 0** | −0.000 5 |
|  | （2.06） | （2.36） | （0.62） | （2.58） | （−0.32） | （2.30） | （2.53） | （0.66） | （2.48） | （−0.25） |
| Treat | 0.001 9 | −0.000 5 | 0.004 9* | 0.002 5 | 0.001 9 | −0 | −0.001 1 | 0.001 7 | −0 | −0.000 4 |
|  | （1.14） | （−0.25） | （1.77） | （0.96） | （0.76） | （−0.03） | （−0.83） | （0.99） | （−0.01） | （−0.29） |
| Post | 0.012 8*** | 0.012 3*** | 0.011 8*** | 0.011 4*** | 0.016 0*** | 0.005 8*** | 0.005 9*** | 0.004 8*** | 0.005 8*** | 0.007 1*** |
|  | （8.96） | （6.17） | （5.81） | （5.88） | （4.72） | （7.20） | （4.98） | （4.06） | （5.11） | （4.26） |
| 截距项 | 0.023 4 | 0.071 4*** | −0.033 8 | 0.009 9 | 0.057 5* | 0.027 1** | 0.057 3*** | −0.019 9 | 0.026 0 | 0.040 4*** |
|  | （1.31） | （3.75） | （−0.91） | （0.44） | （1.80） | （2.20） | （4.63） | （−0.72） | （1.60） | （2.64） |
| Industry | 控制 | 控制 | 控制 | 控制 | 控制 | 控制 | 控制 | 控制 | 控制 | 控制 |
| 控制变量 | 控制 | 控制 | 控制 | 控制 | 控制 | 控制 | 控制 | 控制 | 控制 | 控制 |
| N | 4 287 | 2 107 | 2 125 | 3 233 | 1 054 | 4 287 | 2 107 | 2 125 | 3 233 | 1 054 |
| 调整的 $R^2$ | 0.375 | 0.327 | 0.405 | 0.356 | 0.414 | 0.272 | 0.274 | 0.272 | 0.243 | 0.317 |

\*、\*\*、\*\*\*分别表示显著性水平为 0.1、0.05、0.01；括号内的数字为变量估计系数的 T 值（已对标准误进行公司层面的聚类）

### （三）根据"地区腐败程度"将样本分为三组：去掉中间组

在前文的研究中，本文根据"地区腐败程度"从高到低将上市公司分为两组，分别为处理组与控制组。本部分根据"地区腐败程度"从高到低将上市公司分为三组，去掉中间组，余下两组分别为处理组与控制组，重新进行回归分析。实证结果如表14所示，结论和前文保持一致。

### 表14 稳健性检验3：根据"地区腐败程度"将样本分为三组

| 变量 | （1）RD_i 全样本 | （2）RD_i SOE=1 | （3）RD_i SOE=0 | （4）RD_i M=1 | （5）RD_i M=0 | （6）RD_a 全样本 | （7）RD_a SOE=1 | （8）RD_a SOE=0 | （9）RD_a M=1 | （10）RD_a M=0 |
|---|---|---|---|---|---|---|---|---|---|---|
| Treat×Post | 0.005 0** | 0.005 2* | 0.004 0 | 0.007 4*** | 0 | 0.002 3* | 0.003 0* | 0.001 5 | 0.003 3** | −0.000 8 |
|  | （2.43） | （1.83） | （1.24） | （2.88） | （0.01） | （1.94） | （1.76） | （0.84） | （2.16） | （−0.35） |
| Treat | −0.000 7 | −0.002 8 | 0.003 0 | 0.000 3 | 0.001 8 | −0.000 5 | −0.001 8 | 0.001 5 | 0 | −0 |
|  | （−0.40） | （−1.31） | （1.03） | （0.09） | （0.64） | （−0.45） | （−1.20） | （0.78） | （0.01） | （−0.01） |
| Post | 0.010 0*** | 0.010 4*** | 0.009 6*** | 0.007 4*** | 0.014 0*** | 0.004 4*** | 0.004 6*** | 0.003 5*** | 0.004 0*** | 0.006 1*** |
|  | （6.59） | （4.22） | （4.98） | （3.25） | （5.04） | （4.91） | （3.12） | （3.20） | （3.04） | （3.66） |
| 截距项 | 0.034 2* | 0.051 3** | 0.011 0 | 0.024 2 | 0.046 8 | 0.033 0*** | 0.037 7*** | 0.020 6 | 0.042 7*** | 0.021 3 |
|  | （1.88） | （2.10） | （0.31） | （1.00） | （1.52） | （3.11） | （2.76） | （0.97） | （2.79） | （1.33） |
| Industry | 控制 | 控制 | 控制 | 控制 | 控制 | 控制 | 控制 | 控制 | 控制 | 控制 |
| 控制变量 | 控制 | 控制 | 控制 | 控制 | 控制 | 控制 | 控制 | 控制 | 控制 | 控制 |
| N | 2 239 | 1 214 | 1 001 | 1 509 | 730 | 2 239 | 1 214 | 1 001 | 1 509 | 730 |
| 调整的 $R^2$ | 0.385 | 0.325 | 0.419 | 0.381 | 0.348 | 0.276 | 0.263 | 0.269 | 0.255 | 0.233 |

\*、\*\*、\*\*\*分别表示显著性水平为 0.1、0.05、0.01；括号内的数字为变量估计系数的 T 值（已对标准误进行公司层面的聚类）

## （四）使用"地区信访举报率"度量"地区腐败程度"

在前文的研究中，本文使用叶文平等（2016）的"地区关系文化强度"度量"地区腐败程度"。本部分参考杨其静和蔡正喆（2016）提供的"地区信访举报率"指标度量"地区腐败程度"（地区信访举报率越高，意味着该地区的腐败程度相对越高），进而划分处理组与控制组，重新进行一般型DID和连续型DID分析。表15是针对主检验的相应回归结果，结论与前文保持一致。

表15　稳健性检验4：使用"地区信访举报率"度量"地区腐败程度"

| 变量 | （1）RD_i [-3,3] | （2）RD_i [-3,3] | （3）RD_i [-2,2] | （4）RD_i [-1,1] | （5）RD_i [-3,3] | （6）RD_i [-3,3] | （7）RD_i [-2,2] | （8）RD_i [-1,1] |
|---|---|---|---|---|---|---|---|---|
|  | 一般型 DID |  |  |  | 连续型 DID |  |  |  |
| Treat×Post | 0.003 7** | 0.003 2** | 0.003 1** | 0.003 2** | 0.030 2** | 0.027 5* | 0.024 3* | 0.026 7* |
|  | (2.54) | (2.23) | (2.19) | (2.10) | (2.13) | (1.90) | (1.74) | (1.87) |
| Treat | -0.005 1*** | -0.002 1 | -0.002 0 | -0.002 0 | -0.035 1*** | -0.009 6 | -0.004 5 | -0.007 1 |
|  | (-3.21) | (-1.54) | (-1.43) | (-1.30) | (-2.64) | (-0.82) | (-0.39) | (-0.57) |
| Post | 0.007 9*** | 0.010 6*** | 0.009 8*** | 0.008 0*** | 0.006 0*** | 0.008 8*** | 0.008 3*** | 0.006 2*** |
|  | (7.83) | (9.81) | (9.17) | (6.70) | (3.20) | (4.72) | (4.59) | (3.28) |
| 截距项 | 0.006 3*** | 0.028 0* | 0.032 6** | 0.031 7* | 0.008 4*** | 0.026 4* | 0.029 8* | 0.029 1 |
|  | (3.51) | (1.90) | (2.08) | (1.69) | (3.54) | (1.77) | (1.88) | (1.53) |
| Industry | 控制 | 控制 | 控制 | 控制 | 控制 | 控制 | 控制 | 控制 |
| 控制变量 | 未控制 | 控制 | 控制 | 控制 | 未控制 | 控制 | 控制 | 控制 |
| $N$ | 3 817 | 3 817 | 2 723 | 1 391 | 3 817 | 3 817 | 2 723 | 1 391 |
| 调整的 $R^2$ | 0.214 | 0.356 | 0.367 | 0.347 | 0.212 | 0.356 | 0.367 | 0.348 |
| $F$ | 35.79 | 26.40 | 24.81 | 20.01 | 35.82 | 26.07 | 24.58 | 19.77 |

*、**、***分别表示显著性水平为0.1、0.05、0.01；括号内的数字为变量估计系数的 $T$ 值（已对标准误进行公司层面的聚类）

## （五）安慰剂检验

因为党的十八大于2012年11月召开，本文选择2013年作为事件年。在前文，本文通过图形分析、动态DID这两种方式进行了平行趋势检验。本部分使用安慰剂检验方法对处理组与控制组进行平行趋势检验。具体地，本文使用反腐败政策冲击之前的数据（即2013年之前的数据），分别采用2009年、2010年作为虚拟事件年（即分别是2006~2008年vs 2009~2011年、2007~2009年vs 2010~2012年）重新进行回归分析。表16的列（1）~列（6）、列（7）~列（12）分别是采用2009年、2010年作为虚拟事件年的回归结果。列（1）~列（6）的回归结果一致显示，交互项Treat×Post并没有显著为正值。列（7）~列（12）的回归结果显示，当以2010年为事件年时，交互项Treat×Post基本上也不显著。以上结果表明，本文的实证分析符合平行趋势假设，2012年党的十八大召开以来的反腐败政策对公司创新产生了明显的促进作用。

## 表 16 稳健性检验 5：安慰剂检验

| 变量 | (1) RD_i [-3,3] | (2) RD_i [-2,2] | (3) RD_i [-1,1] | (4) RD_a [-3,3] | (5) RD_a [-2,2] | (6) RD_a [-1,1] | (7) RD_i [-3,3] | (8) RD_i [-2,2] | (9) RD_a [-1,1] | (10) RD_a [-3,3] | (11) RD_a [-2,2] | (12) RD_a [-1,1] |
|---|---|---|---|---|---|---|---|---|---|---|---|---|
| | 以2009年为事件年 | | | | | | 以2010年为事件年 | | | | | |
| Treat×Post | -0.002 3 | -0.000 8 | 0.001 1 | -0.000 4 | 0.000 7 | 0.001 5 | 0.001 2 | 0.000 3 | 0.000 5 | 0.001 9* | 0.000 8 | 0.000 7 |
| | (-1.36) | (-0.44) | (0.43) | (-0.32) | (0.51) | (0.86) | (0.78) | (0.15) | (0.28) | (1.67) | (0.62) | (0.54) |
| Treat | 0.000 8 | -0.000 2 | -0.002 3 | -0.000 8 | -0.001 8 | -0.002 8 | -0.000 8 | -0.002 2 | -0.000 7 | -0.001 1 | -0.001 5 | -0.000 6 |
| | (0.47) | (-0.12) | (-0.82) | (-0.56) | (-1.09) | (-1.32) | (-0.45) | (-1.11) | (-0.32) | (-0.88) | (-1.08) | (-0.42) |
| Post | 0.009 0*** | 0.006 9*** | 0.006 9** | 0.005 8*** | 0.003 6*** | 0.002 8 | 0.006 9*** | 0.002 7** | -0.001 4 | 0.005 1*** | 0.003 0*** | 0.000 8 |
| | (5.69) | (3.85) | (2.02) | (4.85) | (2.60) | (1.20) | (6.17) | (2.23) | (-0.91) | (6.04) | (3.37) | (0.68) |
| 截距项 | 0.050 7*** | 0.059 4*** | 0.076 4** | 0.030 3** | 0.035 7** | 0.057 8** | 0.056 7*** | 0.077 7*** | 0.069 0*** | 0.046 8*** | 0.057 5*** | 0.040 4*** |
| | (3.07) | (2.88) | (1.99) | (2.54) | (2.44) | (2.10) | (3.74) | (4.37) | (3.16) | (4.26) | (4.38) | (2.67) |
| Industry | 控制 | 控制 | 控制 | 控制 | 控制 | 控制 | 控制 | 控制 | 控制 | 控制 | 控制 | 控制 |
| 控制变量 | 控制 | 控制 | 控制 | 控制 | 控制 | 控制 | 控制 | 控制 | 控制 | 控制 | 控制 | 控制 |
| $N$ | 1 663 | 1 098 | 487 | 1 663 | 1 098 | 487 | 2 406 | 1 577 | 804 | 2 406 | 1 577 | 804 |
| 调整的$R^2$ | 0.240 | 0.219 | 0.188 | 0.177 | 0.149 | 0.137 | 0.267 | 0.276 | 0.253 | 0.187 | 0.197 | 0.180 |

*、**、***分别表示显著性水平为0.1、0.05、0.01；括号内的数字为变量估计系数的T值（已对标准误差进行公司层面的聚类）

## （六）其他稳健性检验

本文还做了以下稳健性检验：①本文使用2010年的"地区关系文化强度"（原始数据最近一期）度量"地区腐败程度"，根据"地区腐败程度"从高到低将上市公司分为处理组、控制组两组，重新进行回归分析。②剔除可能存在研究噪声的样本，然后重新划分处理组与控制组进行回归分析。由图1可以看到，地区腐败程度最小的6个地区分别是西藏、新疆、内蒙古、宁夏、甘肃、上海，考虑到这6个地区中的前5个地区均属于经济欠发达地区，且地区上市公司数量相对较少，为降低研究噪声的影响，本部分把这5个地区的样本剔除，然后根据指数高低将上市公司分为处理组、控制组两组，重新进行回归分析。③本文直接用"地区腐败程度"这一连续型数据衡量变量Treat，然后做连续型DID分析。④分别根据历年"地区腐败程度"划分处理组与控制组，只保留2000~2010年组别从未变更的地区样本，重新进行回归分析（此时，处理组为四川、山西、安徽、湖北、重庆、湖南、河南、山西、北京、吉林、福建等11个地区，控制组为天津、浙江、河北、上海、内蒙古、青海、新疆、宁夏、甘肃、西藏等10个地区）。表17是针对主检验的相应回归结果，结论和前文基本保持一致。

**表17　稳健性检验6：其他稳健性检验**

| 变量 | （1）RD_i | （2）RD_a | （3）RD_i | （4）RD_a | （5）RD_i | （6）RD_a | （7）RD_i | （8）RD_a |
|---|---|---|---|---|---|---|---|---|
| | 使用2010年的数据衡量地区关系文化强度 | | 去掉5个地区的样本 | | 连续型DID | | 只考虑组别从未变更的地区 | |
| Treat×Post | 0.003 0** | 0.001 7* | 0.004 7*** | 0.002 1** | 0.000 7* | 0.000 3 | 0.005 3*** | 0.002 3** |
| | （2.11） | （1.90） | （3.09） | （2.14） | （1.93） | （1.38） | （2.66） | （1.99） |
| Treat | 0.000 4 | 0.000 3 | 0.001 4 | 0.000 4 | −0 | −0 | −0.001 0 | −0.000 3 |
| | （0.26） | （0.32） | （1.00） | （0.39） | （−0.09） | （−0.07） | （−0.59） | （−0.30） |
| Post | 0.010 3*** | 0.005 0*** | 0.009 6*** | 0.005 1*** | 0.006 5** | 0.003 5* | 0.009 6*** | 0.004 2*** |
| | （8.86） | （6.63） | （8.23） | （6.35） | （2.22） | （1.86） | （6.36） | （4.61） |
| 截距项 | 0.024 8* | 0.029 1*** | 0.018 1 | 0.027 5** | 0.025 3 | 0.029 5*** | 0.033 5* | 0.033 4*** |
| | （1.70） | （2.91） | （1.22） | （2.62） | （1.69） | （2.88） | （1.86） | （3.10） |
| Industry | 控制 | 控制 | 控制 | 控制 | 控制 | 控制 | 控制 | 控制 |
| 控制变量 | 控制 | 控制 | 控制 | 控制 | 控制 | 控制 | 控制 | 控制 |
| $N$ | 3 817 | 3 817 | 3 636 | 3 636 | 3 817 | 3 817 | 2 328 | 2 328 |
| 调整的 $R^2$ | 0.358 | 0.248 | 0.359 | 0.239 | 0.357 | 0.246 | 0.386 | 0.262 |
| $F$ | 26.97 | 21.66 | 26.00 | 20.56 | 26.32 | 20.93 | 19.54 | 14.75 |

*、**、***分别表示显著性水平为0.1、0.05、0.01；括号内的数字为变量估计系数的$T$值（已对标准误进行公司层面的聚类）。

## 七、结论与启示

创新是公司建立竞争优势的关键和宏观经济增长的不竭动力，在中国经济增速换挡和转型升级的新常态下，进一步激发公司创新能力显得尤为重要与迫切。评估反腐败政策冲击对公司创新的影响，就回答如何进一步激发公司创新能力来说，具有重要的现实意义和学术价值。

本文以2012年党的十八大召开以来实施的反腐败政策作为背景，使用叶文平等（2016）的"地区关系文化强度"衡量"地区腐败程度"，将上市公司划分为处理组和控制组（即"高腐败地区"上市公司和"低腐败地区"上市公司），通过DID方法考察反腐败政策冲击对公司创新行为的影响，研究发现：相对于"低腐败地区"上市公司，"高腐败地区"上市公司在反腐败政策实施后，其创新投入强度和产出有更为明显的提高。

可见，反腐败政策冲击对公司创新活动的增强具有明显的激励效应。原因在于，高腐败地区的公司将有限的资源侧重于对外的关系建设（如建立政治关联），这类活动可能属于会导致腐败的寻租性活动，相应地公司会减少对内的创新活动，而反腐败政策冲击极大地改善了营商环境，使得公司对关系的强依赖特征有明显的降低，能够将更多的资源配置到创新这样的生产性活动之中。

进一步的研究发现，这种激励效应主要存在于国有公司及正式制度相对更为完善的地区。可见，反腐败政策冲击使国有公司面临更多的市场规则下的竞争，创新压力更大，从而其创新活动的增加会更加明显；同时，反腐败政策冲击对公司创新的激励效应是条件依存的，在正式制度完善程度较高的地区反映得较明显，其背后的原因在于这些地区的公司有着相对良好的创新环境、相对较低的创新风险和较具吸引力的创新回报，进而强化了这些地区公司的创新意愿和创新活动。

本文拓展了关于"地区腐败程度"的度量方法，丰富了关于反腐败政策经济后果的研究文献。更为重要的是，从政策层面来看，我们发现，反腐败政策冲击尤其改善地区的营商环境，使这些地区的公司更加重视创新等生产性活动，这为"反腐败有利论"提供了基于公司创新层面的经验证据。同时，我们也看到，作为一项基础设施，正式制度的完善对于反腐败激励效应的实现发挥着重要作用。这提醒我们，反腐败政策冲击固然重要，但如何将其正面效应通过正式的制度建设予以固化，提升正式制度的完善程度，进而通过长期而艰巨的努力，在非正式的制度层面实现文化基因的根本改变，还有很多工作要做。就未来的研究方向来看，我们还可以就反腐败政策影响公司创新的机制和路径做更为深入的分析和考察，进而使相关的研究结论更加扎实、经验证据更为严谨。此外，反腐败政策冲击是否会带来过度创新投资也是今后值得关注的一个研究方向（熊焰韧等 2018）。

# 参 考 文 献

过勇. 2017. 十八大之后的腐败形势：三个维度的评价. 政治学研究，（3）：2-11.
金宇超，靳庆鲁，宣扬. 2016."不作为"或"急于表现"：企业投资中的政治动机. 经济研究，51（10）：126-139.

李新春, 叶文平, 朱沆. 2016. 牢笼的束缚与抗争: 地区关系文化与创业企业的关系战略. 管理世界, (10): 88-102, 188.

龙小宁. 2018. 中国的知识产权与创新发展: 基于定量研究的讨论. 当代会计评论, 11 (1): 101-122.

聂辉华, 王梦琦. 2014. 政治周期对反腐败的影响——基于 2003~2013 年中国厅级以上官员腐败案例的证据. 经济社会体制比较, (4): 127-140.

钱雪松, 方胜. 2017. 担保物权制度改革影响了民营企业负债融资吗?——来自中国《物权法》自然实验的经验证据. 经济研究, (5): 146-160.

汪锋, 姚树洁, 曲光俊. 2018. 反腐促进经济可持续稳定增长的理论机制. 经济研究, 53 (1): 65-80.

王茂斌, 孔东民. 2016. 反腐败与中国公司治理优化: 一个准自然实验. 金融研究, (8): 159-174.

王小鲁, 樊纲, 余静文. 2017. 中国分省份市场化指数报告 (2016). 北京: 社会科学文献出版社.

温红彦, 盛若蔚, 姜洁, 等. 2017-09-18. 坚决打赢反腐败这场正义之战——党的十八大以来反腐败斗争成就述评. 人民日报, 第 1 版.

吴高庆, 钱文杰. 2015-01-13. "打虎"大数据: 传递哪些信息. 检察日报, 第 5 版.

谢志明, 易玄. 2014. 产权性质、行政背景独立董事及其履职效应研究. 会计研究, (9): 60-67.

熊焰韧, 黄志忠, 张娟. 2018. 股权分散导致企业过度创新投资: 成因及来自创业板民营上市公司的证据. 当代会计评论, 11 (1): 61-79.

杨其静. 2011. 企业成长: 政治关联还是能力建设? 经济研究, 46 (10): 54-66.

杨其静, 蔡正喆. 2016. 腐败、反腐败与经济增长——基于中国省级纪检监察机关信访执纪数据的再评估. 经济社会体制比较, (5): 84-100.

叶文平, 李新春, 朱沆, 等. 2016. 隐性制度规则: 地区关系文化异质性与指数构建. 中大管理研究, (Z1): 73-91.

袁建国, 后青松, 程晨. 2015. 企业政治资源的诅咒效应——基于政治关联与企业技术创新的考察. 管理世界, (1): 139-155.

郑永年. 2017-09-26. 郑永年: 十九大与反腐制度建设. https://www.zaobao.com.sg/zopinions/views/story20170926-798167.

钟覃琳, 陆正飞, 袁淳. 2016. 反腐败、企业绩效及其渠道效应——基于中共十八大的反腐建设的研究. 金融研究, (9): 161-176.

Agrawal A, Knoeber C R. 2001. Do some outside directors play a political role? The Journal of Law and Economics, 44 (1): 179-198.

Bertrand M, Djankov S, Hanna R, et al. 2007. Obtaining a driver's license in India: an experimental approach to studying corruption. The Quarterly Journal of Economics, 122 (4): 1639-1676.

Cai H, Fang H, Xu L C. 2011. Eat, drink, firms, government: an investigation of corruption from the entertainment and travel costs of Chinese firms. The Journal of Law and Economics, 54 (1): 55-78.

Campello M, Larrain M. 2016. Enlarging the contracting space: collateral menus, access to credit, and economic activity. Review of Financial Studies, 29 (2): 349-383.

Fan J P H, Guan F, Li Z, et al. 2014. Relationship networks and earnings informativeness: evidence from corruption cases. Journal of Business Finance and Accounting, 41 (7~8): 831-866.

Fang V W, Tian X, Tice S. 2014. Does stock liquidity enhance or impede firm innovation? The Journal of Finance, 69 (5): 2085-2125.

Hall B H, Jaffe A, Trajtenberg M. 2005. Market value and patent citations. The RAND Journal of Economics, 36 (1): 16-38.

Iriyama A, Kishore R, Talukdar D. 2016. Playing dirty or building capability? Corruption and HR training as competitive actions to threats from informal and foreign firm rivals. Strategic Management Journal, 37 (10): 2152-2173.

Kogan L, Papanikolaou D, Seru A, et al. 2017. Technological innovation, resource allocation, and growth. Quarterly Journal of Economics, 132（2）: 665-712.

Li X C, Ye W P, Zhang P X, et al. 2016. Regional guanxi culture and entrepreneurs' action logic: a multilevel analysis. Frontiers of Business Research in China, 10（1）: 50-75.

Mauro P. 1995. Corruption and growth. Quarterly Journal of Economics, 110（3）: 681-712.

Murphy K M, Shleifer A, Vishny R W. 1993. Why is rent-seeking so costly to growth? The American Economic Review, 83（2）: 409-414.

North D C A. 1990. A transaction cost theory of politics. Journal of Theoretical Politics, 2（4）: 355-367.

Pan X F, Tian G G. 2017. Political connections and corporate investments: evidence from the recent anti-corruption campaign in China. http://www.cicfconf.org/sites/default/files/paper_611.pdf.

Pfeffer J, Salancik G R. 2003. The External Control of Organizations: A Resource Dependence Perspective. Palo Alto: Stanford University Press.

Romer P M. 1990. Endogenous technological change. Journal of Political Economy, 98（5）: 71-102.

Solow R M. 1956. A contribution to the theory of economic growth. Quarterly Journal of Economics, 70（1）: 65-94.

Tian X, Wang T Y. 2011. Tolerance for failure and corporate innovation. Review of Financial Studies, 27（1）: 211-255.

Vig V. 2012. Access to collateral and corporate debt structure: evidence from a natural experiment. Journal of Finance, 68（3）: 881-928.

Wang Y, You J. 2012. Corruption and firm growth: evidence from China. China Economic Review, 23（2）: 415-433.

Williamson O E. 2000. The New Institutional economics: taking stock, looking ahead. Journal of Economic Literature, 38（3）: 595-613.

Zhou Z. 2017. Government ownership and exposure to political uncertainty: evidence from China. Journal of Banking and Finance, 84（4）: 152-165.

# Regional Guanxi Culture, Anti-Corruption Policy, and Corporate Innovations

## Xiaofei Deng[1], Yu Xin[2] and Liping Xu[2]

1. HSBC Business School, Peking University, Shenzhen, Guangdong, China 518055
2. Sun Yat-Sen University, Guangzhou, Guangdong, China 510275

**Abstract**: Using regional Guanxi culture as a proxy of regional corruption level and in the context of anti-corruption policy promulgated by the eighteenth National Congress of the Communist Party of China since 2012, this paper divides the listed firms in China into firms with high level of regional corruption and firms with low level of regional corruption, and examines the effect of anti-corruption campaign on corporate innovations by using a difference-in-difference analysis. Generally, this study finds that after the implementation of the new anti-corruption policy, firms located in a high corruption level region increase innovation inputs and outputs more than those located in a low corruption level region. Further analysis finds that this effect mainly exists in state-controlled firms and in regions with well-established pro-business policies.

***Keywords***: guanxi culture; anti-corruption policy; corporate innovations.

# 会计准则变革的预期和非预期效应：内涵界定与文献梳理[*]

贾兴飞[1] 张先治[2]

（1.大连民族大学国际商学院，辽宁 大连 116025；2.东北财经大学会计学院，辽宁 大连 116025）

【摘要】 会计准则变革不仅能带来预期效应，还会带来非预期效应，基于预期效应和非预期效应视角展开研究，有助于全面审视会计准则变革的经济后果。本文首先构建了会计准则变革的预期效应和非预期效应框架；其次，将本文框架与其他预期效应和非预期效应框架、外部性效应框架、成本和收益效应框架进行对比分析，明确了不同框架间的特点与差异；最后，基于预期效应和非预期效应框架对已有文献进行梳理整合，总结现有影响及明确未来的研究方向。

【关键词】 会计准则 预期效应 非预期效应 内涵界定 文献梳理

## 一、引 言

经济发展的全球化推动着会计准则变革的国际化，2005年国际财务报告准则（International Financial Report Standard，IFRS）在欧盟国家的强制执行及2007年我国企业会计准则（China Accounting Standard，CAS）的颁布实施，引领了会计准则在全球范围内的变革浪潮。会计准则的每次变革都牵动着各方的利益（Zeff 1978，Holthausen and Leftwich 1983），变革所产生的效果和反应也吸引着各方的关注。会计准则的变革是多方面的，其影响也是多角度的。因此，会计准则变革效应研究框架的系统性构建及相关文献的定量化梳理，对于全面认知会计准则变革的多维影响及科学分析会计准则研究的未

---

[*] 贾兴飞，讲师，E-mail：jiaxingfei1206@163.com；张先治（通讯作者），教授，E-mail：zxz@dufe.edu.cn。本文系中央高校学科建设稳定支持计划"非预期视角下会计准则变革与企业经营方式转变研究"（0220/118402）、国家自然科学基金项目"会计准则变革的非预期效应：对经营方式转变及投资行为的影响研究"（71372068）、辽宁省教育科学"十三五"规划课题"新时期民族高校'四维渐进式'教学模式研究"（JG18DB096）、大连市社会科学界联合会一般项目"价值创造视角下大连企业经营方式转型的跟踪与测度"（2018dlskyb035）的阶段性研究成果。

来方向至关重要。

相关学者基于不同的研究框架展开研究,如直接效应与间接效应(Lambert et al. 2007, Zhang 2013)、微观效应与宏观效应(Beneish et al. 2015)、收益效应与成本效应(Leuz and Wysocki 2008)等。以上研究框架虽视角不同,但内容多有交叉,如直接效应和微观效应均包括会计准则变革对会计信息质量的影响,间接效应和收益效应均包括会计准则变革产生的正外部性。然而,不同研究框架之间缺少辨析和有效整合,不利于精准地发现已有研究的整体价值及未来的研究方向。张先治和晏超(2015)指出,预期效应和非预期效应研究框架兼具对已有研究的归纳性和对未来研究的引导性,一方面通过对预期效应的检验来审视准则的实际作用,另一方面又能通过对非预期效应的探索为准则的完善提供支撑,有助于解决上述问题。基于此,本文试图完善会计准则变革的预期效应和非预期效应框架,并通过对不同框架间的辨析及现有文献的梳理,总结现有影响及明确未来的研究方向。

## 二、会计准则变革的预期效应和非预期效应的内涵界定

### (一)预期效应和非预期效应

提及预期效应和非预期效应,首先应该明确何为"效应"。按照《现代汉语词典》的解释,效应泛指某个人物的言行或某种事物的发生、发展在社会上所引起的反应和效果。简言之,"效应"即"效果"和"反应"。效果包括正面效果和负面效果(严格来讲,效果还包括未产生影响的效果,为了方便研究,本文将其纳入负面效果),反应包括直接反应和间接反应。因此,效应可以分为正面效果及其带来的直接反应、负面效果及其带来的直接反应、正面效果带来的间接反应、负面效果带来的间接反应。预期是指事先的期望或对未来情况的估计,预期效应可定义为预期目标的正面效果及其带来的直接反应(张先治和晏超 2015);非预期效应则是指除预期效应之外其他的效果和反应,即负面效果及其带来的直接反应、正面效果带来的间接反应、负面效果带来的间接反应。依据间接反应影响的层次,间接反应又可以分为微观间接反应、中观间接反应及宏观间接反应。因此,非预期效应包括负面效果及其带来的直接反应,正面效果、负面效果带来的微观间接反应、中观间接反应及宏观间接反应,如图1所示,其中实线箭头表示预期效应,虚线箭头表示非预期效应。

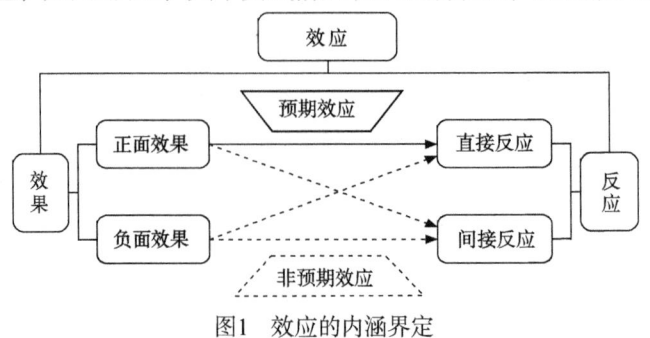

图1 效应的内涵界定

## （二）会计准则变革的预期效应和非预期效应

具体到会计准则，会计准则变革的预期效应指会计准则变革预期目标的正面效果及直接反应（张先治和晏超 2015），非预期效应是指除了会计准则变革预期效应之外的效果和反应。会计准则变革的预期效应与预期目标直接相关，要明确会计准则变革的预期效应和非预期效应的具体内容，首先应该厘清会计准则变革的目标。无论是IFRS、CAS，其预期目标都在于提升会计信息质量，优化资本市场配置效率。具体来看，欧盟委员会指出，IFRS的趋同目标在于增加欧洲公司财务报表的透明度和可比性，带动权益和债务市场配置更为有效；财政部会计司前司长刘玉廷（2007）指出，CAS的核心目标是提高会计信息质量，完善资本市场，加强国际资本流动。正如Leuz和Wysocki（2008）所言，会计准则变革的预期目标是提升会计信息质量，其直接反应是对资本市场股票流动性、股权资本成本、企业价值估值等的影响。可见，会计准则变革的预期效应是预期目标的实现效果和直接反应，即会计信息质量的提高及其带来的资本市场直接反应；非预期效应则是会计信息质量的降低及其带来的资本市场直接反应、会计信息质量的变化带来的微观企业间接反应、中观行业间接反应和宏观经济间接反应，如图2所示。

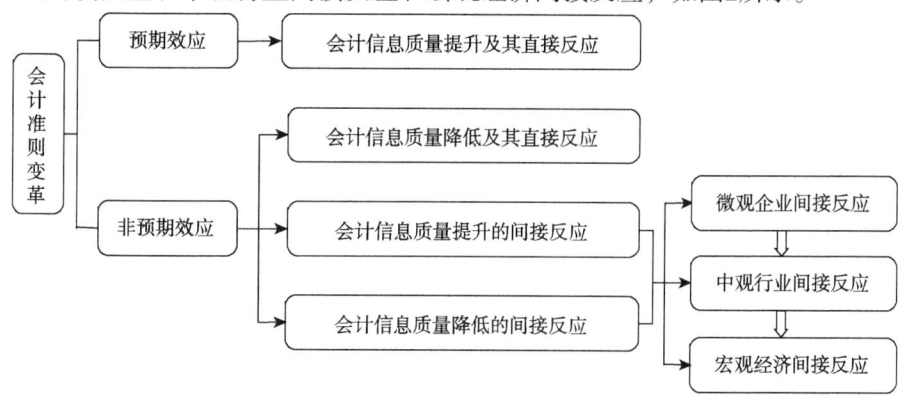

图2 会计准则变革预期效应和非预期效应的内涵界定

**1. 会计准则变革的预期效应**

会计准则变革的预期效应是指会计信息质量提升及其带来的资本市场直接反应。具体来看，会计信息质量提升包括可比性的增加（Yip and Young 2012，杨忠海等 2015）、盈余管理的降低（Barth et al. 2008，Yi et al. 2012）、价值相关性的提升（余波 2009，陈旻和曲晓辉 2014）等。借鉴Leuz和Wysocki（2008）的研究，会计信息质量提升带来的资本市场直接反应包括股票流动性增加（Daske et al. 2008）、资本成本降低（Li 2010）、价值估值优化（周守华和张敬峰 2006）等。

**2. 会计准则变革的非预期效应**

（1）会计信息质量降低及其带来的资本市场直接反应。

该效应与预期效应直接对应，也可以视为可预期的非期望效应。具体来看，会计信息质量降低包括盈余管理增加（Jeanjean and Stolowy 2008，Xianjie et al. 2012）、可比性降低、价值相关性降低（Ahmed et al. 2013）等；会计信息质量降低带来的资本市场直接反应包括股票流动性降低、资本成本增加（Zhang 2013）、价值估值不精准等。

（2）会计信息质量的变化带来的微观企业间接反应。

Jensen和Meckling（1976）指出，企业是一系列契约的集合，会计又是计量和监督企业契约运行的重要机制（雷光勇 2004）。因此，会计准则变革不仅会对会计数据带来直接影响，还会对基于会计数据建立的契约产生间接影响（Zeff 2012）。会计信息质量的变化会影响企业的契约制定，而契约的改变又会影响企业的经营目标、经营理念、经营行为等（贾兴飞和张先治 2016）。因此，微观企业间接反应主要是指会计准则的变化对企业债务契约、薪酬契约等的影响及基于契约的经营目标、经营理念、经营行为等的影响。

（3）会计信息质量的变化带来的中观行业间接反应。

中观行业间接反应包括三个方面。一是对除股票流动性、资本成本、价值估值等之外资本市场的间接影响，如分析师预测（Tan et al. 2011）、机构投资者持股（Florou and Pope 2012）、企业并购（Bozos et al. 2014）等。二是会计准则变革带来的行业的外部性，会计准则变革带来的会计信息质量的变化会影响行业内其他公司的信息披露、投资决策等。Foster（1981）发现，一家公司的信息披露能够影响其他公司的股价；Admati和Pfleiderer（2000）指出，当公司间价值相互关联时，一家公司的信息对于其他公司具有较高的信息含量。三是企业层面影响的行业累加效应。会计准则变革对行业内个体公司影响的累加，会对该行业产生间接影响。

（4）会计信息质量的变化带来的宏观经济间接反应。

宏观经济间接反应包括三个方面。一是从会计准则的性质来看，会计准则变革影响的是所有公司，而非某一个或几个公司，这种影响是系统性的、不可分散的，具有宏观性质。Zhang（2013）指出，会计准则的优化能够提升全体公司的价值，增加其在交易经济中的福利。二是从会计信息的应用层面来看，会计信息具有宏观预测能力。Konchitchki和Patatoukas（2014）研究发现，汇总会计盈余能够有效地预测未来三期的GDP增长率，我国上市公司汇总的会计盈余增长率与未来GDP增长率呈显著正相关关系（罗宏等 2016）。三是行业层面的累加效应。会计准则变革对于不同行业影响的累加，会对宏观经济产生间接影响。

# 三、不同研究框架间的对比

## （一）与其他预期效应和非预期效应框架的对比

从影响范畴角度来看，会计准则变革不仅能够实现预期效应，还会带来非预期效应。Brüggemann等（2011）基于会计的信息功能和契约功能，研究会计准则变革的预期效应和非预期效应。其中，预期效应包括财务报告效应、资本市场效应和宏观经济效应，非预期效应包括对个人契约和集体契约的影响。该框架基于经验证据较为全面地梳理了会计准则变革的预期效应与非预期效应，然而，该框架将分析师预测等对资本市场的间接效应也纳入预期效应的框架，使得预期目标之间的递进关系和影响路径不够清晰顺畅。同时，仅从契约视角考虑会计准则变革的非预期效应，也使得预期和非预期的界定不够完整。此外，张先治和晏超（2015）结合效应的内涵，基于历史和现实的双重视角，构建了会计准则变革的预期效应和非预期效应框架，预期效应是指会计准则变革预期目标的实现效果及直接反应，非预期效应包括未实现的预期效应、后续间接效应、超出效应和事前效应。但是，该框架未完全顺延效果和反应的逻辑思路进行构建，不同效应之间的边界与递进关系不够清晰，对于后续间接效应的内涵界定也不够明确。

本文的微观企业间接反应与Brüggemann等（2011）的契约效应相对应，本文非预期效应中的资本市场间接效应与Brüggemann等（2011）预期效应中的资本市场间接效应相对应，本文的分类使得预期目标之间的逻辑关系更为清晰。同时，本文框架在借鉴张先治和晏超（2015）思路的基础上，完全基于效果和反应的逻辑进行框架构建，并综合直接效应与间接效应、微观效应与宏观效应，使得不同效应之间的内在联系更为清晰，也使得非预期效应的内容更为系统，有助于更全面地观察和梳理会计准则变革的多维影响。

可见，本文的预期效应和非预期效应框架，既是对已有研究框架的借鉴，又是在已有框架基础上进行的拓展，一方面有助于发现会计准则变革带来的系统、全面的影响，另一方面有助于明确已有研究的现实价值和未来研究的努力方向。

### （二）与外部性效应框架的对比

从经济学角度来看，会计准则变革会产生外部性效应，即会计准则变革不仅影响采用新准则的公司本身，还对其他公司的经济行为产生影响。管制的外部性能够影响社会福利（Admati和Pfleiderer 2000），IFRS是近年来最重要的一次财务报告管制，因此研究IFRS的外部性对于评价IFRS所产生的经济后果具有重要意义。Chen等（2012）研究了会计准则变革产生的会计信息可比性的变化，以及对同行业公司投资决策、企业价值等产生的外部性效应。研究发现，采用IFRS所带来的会计信息可比性的增加，能够优化同行企业的投资效率、提升价值相关性。基于外部性进行框架构建较为简单清晰，但是内涵不够丰富。该框架重点关注会计准则变革对同行业其他公司所产生的溢出效应，而对公司本身及宏观经济等的影响关注不足。

本文预期效应和非预期效应框架中的会计信息质量的变化带来的中观行业间接反应包括了外部性效应，同时该框架还包括了会计准则变革对采用新准则的公司本身的影响，以及可能产生的其他外部性效应，能够更为详细、具体地发现会计准则的影响脉络。

### （三）与成本和收益效应框架的对比

从经济效益的角度来看，会计准则变革不仅能够带来收益，同样也会产生成本。Leuz和Wysocki（2008）将会计准则变革的效应分为收益效应和成本效应，基于微观企业层面和宏观市场层面，考察信息的成本与收益，以评价会计准则变革的净效益。从企业层面来看,其收益主要是资本配置效率的提升,其成本主要是会计报告的准备、鉴证和呈报,以及会计信息的披露被监管部门、竞争者等利用而产生的成本;从市场层面来看,其收益主要是会计信息的披露所带来的正外部性,其成本主要是信息错报对关联公司、监管部门、投资者等的影响。该框架分析较为详尽,然而却与会计准则变革的预期目标结合不够紧密,不利于直接发现会计准则变革预期目标的实现情况。

本文的预期效应和非预期效应框架,基于正面的效果和负面的效果及其所带来的直接反应和间接反应,来综合梳理会计准则变革所产生的收益和成本,能够与预期目标直接相关,便于政策制定者直观地考量会计准则的颁布所带来的有利影响和不利影响。

## 四、文献梳理

根据ISI Web of Knowledge发布的2012年Journal Citation Reports,按五年影响因子排名,居于前六位的会计期刊分别为:*The Accounting Review*(TAR);*Journal of Accounting Research*(JAR);*Journal of Accounting and Economics*(JAE);*Accounting, Organizations and Society*(AOS);*Contemporary Accounting Research*(CAR)和*Review of Accounting Studies*(RAS)。为了系统梳理和分析会计准则变革预期效应和非预期效应的研究现状与发展趋势,本文选取会计学界公认的这六种会计期刊为研究对象。自2005年开始IFRS在欧盟的上市公司中被强制执行,而发表在核心期刊的相关文章则在2007年陆续出现,因此,本文所选期刊的时间为2007~2014年。通过详细搜集和整理,共得到84篇文章作为研究样本,见表1。

表1 代表性文章的分布情况 单位:篇

| 期刊 | 2007年 | 2008年 | 2009年 | 2010年 | 2011年 | 2012年 | 2013年 | 2014年 | 总计 | 所占比例 |
|---|---|---|---|---|---|---|---|---|---|---|
| TAR | 1 | 3 | 1 | 3 | 2 | 7 | 8 | 1 | 26 | 31.0% |
| AOS | 3 | | 1 | | | 2 | 2 | 2 | 10 | 11.9% |
| CAR | | | | | 1 | 1 | 6 | 1 | 9 | 10.7% |
| JAE | | 2 | 1 | 2 | 5 | 3 | 3 | | 16 | 19.0% |
| JAR | 1 | 3 | 2 | | 4 | 1 | 1 | | 12 | 14.3% |
| RAS | 2 | | | 2 | 1 | 3 | 2 | 1 | 11 | 13.1% |
| 总计 | 7 | 8 | 5 | 7 | 13 | 17 | 22 | 5 | 84 | 100% |
| 所占比例 | 8.3% | 9.5% | 6.0% | 8.3% | 15.5% | 20.2% | 26.2% | 6.0% | 100% | |

从表1代表性文章的分布情况来看,2007~2014年会计准则变革相关文章的数量总体呈上升趋势,特别是2010年之后,文章数量增加显著,2013年文章数量高达22篇,说明会计准则变革的相关研究受到越来越多学者的关注,也凸显了这一研究主题的重要性。会计准则变革研究主要集中在会计三大期刊TAR、JAE、JAR上,文章数量分别为26篇、

16篇和12篇,共占64.3%,而在AOS、CAR、RAS发表的文章数量分别为10篇、9篇、11篇,所占比例相对较少。

从表2会计准则变革研究主题分布情况来看,会计准则变革的相关研究主要包括三个方面:一是会计准则变革的动因与内容,该部分文献有3篇,占3.6%,内容相对较少;二是会计准则变革的预期效应和非预期效应,该部分文献有67篇,占79.8%,该部分内容占据了相关研究的主体;三是会计准则本质、会计分类、会计研究与教育等其他相关内容,该部分文献有14篇,占16.7%。本文主要讨论第二个方面,即会计准则变革的预期效应和非预期效应,其他方面不做详细论述。

**表2 会计准则变革研究主题分布情况** 单位:篇

| 主题 | 2007年 | 2008年 | 2009年 | 2010年 | 2011年 | 2012年 | 2013年 | 2014年 | 总计 | 所占比例 |
|---|---|---|---|---|---|---|---|---|---|---|
| 变革的动因与内容 | | | 1 | | | 1 | 1 | | 3 | 3.6% |
| 预期效应 | | | | | | | | | | |
| 　会计信息质量的正面效果 | 1 | | 1 | 1 | 2 | 3 | 5 | | 13 | 15.5% |
| 　资本市场直接反应 | | 2 | | 3 | 1 | 3 | 4 | | 13 | 15.5% |
| 　合计 | 1 | 2 | 1 | 4 | 3 | 6 | 9 | | 26 | 31.0% |
| 非预期效应 | | | | | | | | | | |
| 　会计信息质量的负面效果 | | 1 | | | | 1 | 1 | | 3 | 3.6% |
| 　资本市场直接反应 | | | | | | | | | 0 | |
| 　微观企业间接效应 | 1 | 3 | 3 | 2 | 4 | 2 | 1 | 1 | 17 | 20.2% |
| 　中观行业间接效应 | 2 | 1 | | | 4 | 3 | 3 | 1 | 14 | 16.7% |
| 　宏观经济间接效应 | 2 | | | | 2 | 1 | 1 | 1 | 7 | 8.3% |
| 　合计 | 5 | 5 | 3 | 2 | 10 | 7 | 6 | 3 | 41 | 48.8% |
| 其他 | | 1 | 1 | 1 | | 3 | 6 | 2 | 14 | 16.7% |
| 总计 | 6 | 8 | 6 | 7 | 13 | 17 | 22 | 5 | 84 | 100% |

注:由于舍入修约,数据有偏差

具体来看,会计准则变革的预期效应研究有26篇,占31.0%。其中,会计信息质量的正面效果与资本市场直接反应的研究各有13篇,这两个主题的相关研究数量相同,在一定程度上说明相关研究在检验会计信息质量的同时也较为关注其对资本市场的直接影响。会计准则变革的非预期效应研究有41篇,占48.8%,文献数量高于预期效应。其中,会计信息质量的负面效果研究有3篇,没有文献关注会计信息质量的负面效果带来的资本市场直接反应;微观企业、中观行业、宏观经济间接效应分别为17篇、14篇和7篇,文献分布数量逐渐减少。从时间序列的角度来看,预期效应的研究在2007~2011年较为稳定,年均2~3篇,2012~2013年增加相对明显,2012年、2013年分别为6篇、9篇,说明会计准则变革的预期效应一直是相关学者关注的重点。非预期效应方面,会计信息质量的负面效果研究较少且比较分散,2007~2011年只有1篇文献,2012~2014年又增加两篇;微观企业层面的文献相对稳定,每年都有一定的研究,表明相关学者一直在探索会计准则变革对微观企业的影响;中观行业和宏观经济层面,除2007~2008年有少量研究之外,2011~2014年才有新的研究出现并保持稳定,可以看出,会计准则变革对中观行业层面、宏观经济层面影响的研究逐步受到重视。

从表3会计准则变革的预期效应研究主题分布来看，会计信息质量的研究主要包括财务报告、会计准则遵循、会计信息质量、价值相关性等四方面，相关研究逐年增加；资本市场直接反应的研究主要包括股价同步性、股票流动性、股权资本成本、信息含量等方面，相关研究主要集中在2010~2014年。可以推测，会计信息质量相关研究的拓展在一定程度上推动了其对资本市场直接反应的相关研究。

表3 会计准则变革的预期效应研究主题分布 单位：篇

| 主题 | 2007年 | 2008年 | 2009年 | 2010年 | 2011年 | 2012年 | 2013年 | 2014年 | 总计 | 所占比例 |
|---|---|---|---|---|---|---|---|---|---|---|
| 会计信息质量 | | | | | | | | | | |
| 财务报告 | 1 | | 1 | | 1 | | | | 3 | 15.5%[1] |
| 会计准则遵循 | | | | | | 2 | 1 | | 3 | |
| 会计信息质量 | | | | | 1 | 1 | 4 | | 6 | |
| 价值相关性 | | | | 1 | | | | | 1 | |
| 合计 | 1 | | 1 | 1 | 2 | 3 | 5 | | 13 | |
| 资本市场直接反应 | | | | | | | | | | |
| 股价同步性 | | | | | | 1 | | | 1 | 15.5%[2] |
| 股票流动性 | | 1 | | | | | 2 | | 3 | |
| 股权资本成本 | | | | | 1 | | | | 1 | |
| 信息含量 | | | 1 | | 2 | 1 | 2 | 2 | 8 | |
| 合计 | | 2 | | 3 | 1 | 3 | 4 | | 13 | |
| 总计 | 1 | 2 | 1 | 2 | 4 | 3 | 6 | 9 | 26 | 31.0% |

1) 指会计信息质量的研究占84篇研究样本的比例；2) 指资本市场直接反应的研究占84篇研究样本的比例

从表4会计准则变革的非预期效应研究主题分布来看，相对会计信息质量的正面效果研究（13篇），负面效果研究（3篇）相对较少，可见，会计准则变革优化了会计信息质量，预期目标的实现情况是较为可观的。微观企业层面的视角较为丰富，主要包括风险管理、高管薪酬、绩效评价、债务契约、债务成本、投资决策、资源配置、税收等方面。会计准则变革对于微观企业的研究主要集中在基于会计信息的公司治理层面（风险管理、高管薪酬、绩效评价、债务契约）和基于会计报告的公司财务活动层面，如筹资（债务成本）、投资（投资决策、资源配置）和分配（税收），而对于企业战略目标设定、经营理念调整及供产销等企业行为关注较少。中观行业层面主要包括资本市场的间接效应和同行业的间接效应两方面，其中资本市场的间接效应主要有市场选择、股权溢价、分析师预测、择时效应、机构投资者和并购等，研究视角较为广泛，文献也较为丰富，而同行业的间接效应的文献只有一篇，研究较为匮乏。宏观经济层面主要包括社会经济、政治思想、金融危机、经济周期、社会福利等方面，这些研究将微观会计拓展至宏观经济层面，为微观行为向宏观世界的延展提供了有益的借鉴和可行的路径，然而相关研究近几年才逐步增加。

表4  会计准则变革的非预期效应研究主题分布　　　　　　单位：篇

| 主题 | 2007年 | 2008年 | 2009年 | 2010年 | 2011年 | 2012年 | 2013年 | 2014年 | 总计 | 所占比例 |
|---|---|---|---|---|---|---|---|---|---|---|
| 会计信息质量的负面效果 |  | 1 |  |  | 1 | 1 |  |  | 3 | 3.6% |
| 微观企业层面 |  |  |  |  |  |  |  |  |  |  |
| 　风险管理 |  |  |  | 1 |  | 1 |  |  | 2 | 20.2% |
| 　高管薪酬 | 1 |  |  |  |  | 2 |  |  | 3 |  |
| 　绩效评价 |  |  |  | 1 |  |  |  |  | 1 |  |
| 　债务契约 |  |  |  | 1 |  | 2 |  |  | 3 |  |
| 　债务成本 |  | 1 |  |  |  |  |  |  | 1 |  |
| 　投资决策 |  |  | 1 |  | 1 |  | 1 |  | 3 |  |
| 　资源配置 |  |  |  | 1 |  |  | 1 |  | 2 |  |
| 　税收 |  |  | 1 | 1 |  |  |  |  | 2 |  |
| 　总计 | 1 | 3 | 3 | 2 | 4 | 2 | 1 | 1 | 17 |  |
| 中观行业层面 |  |  |  |  |  |  |  |  |  |  |
| 资本市场的间接效应 |  |  |  |  |  |  |  |  |  |  |
| 　市场选择 |  |  |  |  |  |  | 1 |  | 1 | 16.7% |
| 　股权溢价 |  |  |  |  |  |  | 1 |  | 1 |  |
| 　分析师预测 | 1 |  |  | 2 | 1 |  | 1 |  | 5 |  |
| 　择时效应 |  |  |  |  | 1 |  |  |  | 1 |  |
| 　机构投资者 | 1 | 1 |  |  | 1 | 1 |  |  | 4 |  |
| 　并购 |  |  |  |  |  | 1 |  |  | 1 |  |
| 同行业的间接效应 |  |  |  |  |  |  |  |  |  |  |
| 　投资效率 |  |  |  |  |  |  | 1 |  | 1 |  |
| 　总计 | 2 | 1 |  |  | 4 | 3 | 3 | 1 | 14 |  |
| 宏观经济层面 |  |  |  |  |  |  |  |  |  |  |
| 　社会经济 |  | 1 |  |  |  |  |  |  | 1 | 8.3% |
| 　政治思想 |  | 1 |  |  |  |  |  |  | 1 |  |
| 　金融危机 |  |  |  |  |  | 1 |  | 1 | 2 |  |
| 　经济周期 |  |  |  |  | 2 |  |  |  | 2 |  |
| 　社会福利 |  |  |  |  |  |  | 1 |  | 1 |  |
| 　总计 |  | 2 |  |  | 2 | 1 | 1 | 1 | 7 |  |

总的来看，相关研究主要聚焦在会计信息质量（正面效果、负面效果）和资本市场层面（直接效应、间接效应），文献数量（42篇）占据整个样本的50%，而对中观行业层面和宏观经济层面的影响关注较少，但在2010~2014年对中观行业层面和宏观经济层面的探讨一直未间断并稳步增加。可见，相关学者在研究预期目标的同时，不断拓展会计准则变革影响的研究范畴，会计视野逐步从微观走向宏观。

## 五、研究结论与启示

本文基于预期效应和非预期效应视角，完善了会计准则变革影响研究的理论框架，并试图通过该框架融合和梳理以往的研究，为未来的研究指明方向。同时，与其他预期效应和非预期效应框架、外部性效应框架、收益和成本效应框架等已有研究进行对比分析，发现该框架既融合了已有框架又对已有框架进行了拓展，明确了本文的价值与创新。通过梳理2007~2014年发表在前六位的会计期刊的文献，分析了会计准则变革预期效应和非预期效应的研究动态与发展趋势。分析发现，会计准则变革的研究视角主要集中在会计信息质量和资本市场直接反应层面，较少关注中观行业层面和宏观经济层面；研究重点集中在预期目标的实现情况及其带来的直接反应，而对于企业间、行业间的间接影响关注较少。

会计准则变革的未来研究应更为关注对微观企业经营理念、中观行业层面和宏观经济层面等的影响。这样一来，能够不断丰富会计准则变革在各个层面的影响，不仅能全面系统地梳理会计准则变革的非预期影响，还有助于规避不利的非预期影响，进而为会计准则的完善和未来的研究提供有益的方向和建议。

## 参 考 文 献

陈旻，曲晓辉. 2014. 会计准则国际趋同对会计信息质量影响的系统检验. 当代会计评论，7（1）：1-27.
贾兴飞，张先治. 2016. 会计观念、薪酬契约与管理层决策行为——会计准则变革非预期效应的经验证据. 会计研究，（10）：18-25.
雷光勇. 2004. 企业会计契约：动态过程与效率. 经济研究，（5）：98-106.
刘玉廷. 2007. 中国企业会计准则体系：架构、趋同与等效. 会计研究，（3）：2-8.
罗宏，曾永良，方军雄，等. 2016. 会计信息的宏观预测价值：基于中国制度环境的研究. 会计研究，（4）：9-18.
杨忠海，张丽萍，李瑛玫. 2015. 财务报告可比性与股权资本成本关系研究——来自中国A股市场的经验证据. 当代会计评论，8（2）：83-103.
余波. 2009. 企业规模、股权性质与新会计准则执行效果——基于会计信息价值相关性视角. 中南财经政法大学学报，（5）：127-131.
张先治，晏超. 2015. 会计准则变革的非预期效应理论框架构建. 会计研究，（3）：3-12.
周守华，张敬峰. 2006. 新企业会计准则对财务管理的影响——兼论基于核心竞争力的财务管理变革. 会计研究，（12）：3-7，95.
Admati A R, Pfleiderer P. 2000. Forcing firms to talk: financial disclosure regulation and externalities. Review of Financial Studies, 13（3）：479-519.

Ahmed A S, Neel M, Wang D. 2013. Does mandatory adoption of IFRS improve accounting quality? Preliminary evidence. Contemporary Accounting Research, 30（4）：1344-1372.

Barth M E, Landsman W R, Lang M H. 2008. International accounting standards and accounting quality. Journal of Accounting Research, 46（3）：467-498.

Beneish M D, Miller B P, Yohn T L. 2015. Macroeconomic evidence on the impact of mandatory IFRS adoption on equity and debt markets. Journal of Accounting and Public Policy, 34（1）：1-27.

Bozos K, Ratnaike Y C, Alsharairi M. 2014. How has the international harmonization of financial reporting standards affected merger premiums within the European Union? International Review of Financial Analysis, 31（1）：48-60.

Brüggemann U, Hitz J M, Sellhorn T. 2011. Intended and unintended consequences of mandatory IFRS adoption: a review of extant evidence and suggestions for future research. Social Science Electronic Publishing, 22（1）：1-37.

Chen C, Young D, Zhuang Z. 2012. Externalities of mandatory IFRS adoption: evidence from cross-border spillover effects of financial information on investment efficiency. Social Science Electronic Publishing, 88（3）：881-914.

Daske H, Hail L, Leuz C, et al. 2008. Mandatory IFRS reporting around the world: early evidence on the economic consequences. Journal of Accounting Research, 46（5）：1085-1142.

Florou A, Pope P F. 2012. Mandatory IFRS adoption and institutional investment decisions. Accounting Review, 87（6）：1993-2025.

Foster G. 1981. Intra-industry information transfers associated with earnings releases. Journal of Accounting and Economics, 3（3）：201-232.

Holthausen R W, Leftwich R W. 1983. The economic consequences of accounting choice implications of costly contracting and monitoring. Journal of Accounting and Economics, 5（2）：77-117.

Jeanjean T, Stolowy H. 2008. Do accounting standards matter? An exploratory analysis of earnings management before and after IFRS adoption. Journal of Accounting and Public Policy, 27（6）：480-494.

Jensen M C, Meckling W H. 1976. Theory of the firm: management behavior, agency cost and ownership structure. Social Science Electronic Publishing, 3（4）：305-360.

Konchitchki Y, Patatoukas P N. 2014. Accounting earnings and gross domestic product. Journal of Accounting and Economics, 57（1）：76-88.

Lambert R, Leuz C, Verrecchia R E. 2007. Accounting information, disclosure, and the cost of capital. Journal of Accounting Research, 45（2）：421-426.

Leuz C, Wysocki P D. 2008-03-13. Economic consequences of financial reporting and disclosure regulation: a review and suggestions for future research. https://papers.ssrn.com/sol3/papers.cfm?abstract_id=1105398&rec=1&srcabs=1108707&alg=1&pos=2.

Li S. 2010. Does mandatory adoption of international financial reporting standards in the European Union reduce the cost of equity capital? Accounting Review, 85（2）：607-636.

Tan H, Wang S, Welker M. 2011. Analyst following and forecast accuracy after mandated IFRS adoptions. Journal of Accounting Research, 49（5）：1307-1357.

Xianjie H E, Wong T J, Young D. 2012. Challenges for implementation of fair value accounting in emerging markets: evidence from China. Contemporary Accounting Research, 29（2）：538-562.

Yi L C, Cheong C S, Gould G. 2012. The impact of mandatory IFRS adoption on accounting quality: evidence from Australia. Journal of International Accounting Research, 11（1）：119-146.

Yip R W Y, Young D. 2012. Does mandatory IFRS adoption improve information comparability? Social Science Electronic Publishing, 87（5）：1767-1789.

Zeff S A. 1978. The rise of economic consequence. Journal of Accountancy, 146（6）：56-63.

Zeff S A. 2012. The evolution of the IASC into the IASB, and the challenges it faces. The Accounting Review, 87（3）: 807-837.

Zhang G. 2013. Accounting standards, cost of capital, resource allocation, and welfare in a large economy. The Accounting Review, 88（4）: 1459-1488.

# Intended and Unintended Consequences of Accounting Standards Reforms: The Definition and Literature

Xingfei Jia [1] and Xianzhi Zhang [2]

1. International Business College of Dalian Minzu University,
Dalian, Liaoning, China 116025
2. Accounting School of Dongbei University of Finance and Economics,
Dalian, Liaoning, China 116025

**Abstract**: Accounting standards reforms bring about not only intended consequences, but unintended ones. An examination of both intended and unintended consequences helps to comprehensively assess the economic consequences of accounting standards reforms. This paper proposes a new framework that incorporates both intended and unintended consequences. Moreover, this paper compares the new framework to other similar or different frameworks, for example, other frameworks of intended and unintended consequences, the framework of externality effects, and the framework of cost and income effects. We highlight the differences among different frameworks. Finally, this paper summarizes the existing literature on accounting standards reforms and discusses some directions for future research.

***Keywords***: accounting standards; intended effects; unintended effects; literature review.

# 基于MC-AHP与灰色关联度的企业中文年度报告可读性综合评价体系及实证检验研究*

孙文章[1] 李延喜[2] 朱佳玮[3]

（1. 东北财经大学会计学院/中国内部控制研究中心，辽宁 大连 116025；2. 大连理工大学经济管理学院，辽宁 大连 116024；3. 东北财经大学国际商学院，辽宁 大连 116025）

【摘要】 针对我国企业年度报告以中文语言为媒介，而中文与英文在语法规则、词汇构成等方面差异较大，导致国外经典模型无法对其可读性进行科学评估这一难题，本文在科学界定年报语法单元的基础上，借鉴新闻传播学与语言学可读性标准筛选符合中文年报特色的评价指标。首先，采用问卷调查构建AHP（analytic hierarchy process，层次分析法）判断矩阵计算初始权重，确保可以反映阅读者对可读性的主观要求；其次，引入MC（Monte Carlo，蒙特卡罗）方法对初始权重进行排序与矩阵模拟得到修正权重，降低相近指标间的主观偏误；最后，借助R语言文本挖掘技术提取年报数据，并采用灰色关联度进行综合评价实证分析，有效诠释可读性在企业间的相对性差异，对评价结果进行一致性检验与合理性判定。本文创新性地从中文可读性视角解读年度报告，刻画我国上市公司中文年报可读性的基本规律，有助于保护资本市场的信息披露环境。

【关键词】 MC-AHP赋权 灰色关联度 可读性 年度报告 文本挖掘

## 一、引 言

企业信息披露可以分为文本叙述（textual narrative）信息与量化数据（quantitative data）

---

* 孙文章，讲师，E-mail：sunwenzhang@mail.dlut.edu.cn；李延喜，教授，E-mail：mrliyx@dlut.edu.cn；朱佳玮，讲师，E-mail：wendy520cn@mail.dlut.edu.cn。本文受到国家社会科学基金重大项目"'一带一路'国家资金融通机制设计及资金配置效率评价体系研究"（18ZDA95）、中国科学技术协会高端科技创新智库青年项目"中国企业信息披露的规范化研究——基于年报可读性视角"（DXB-ZKQN-2017-022）、国家自然科学基金青年项目"中国上市公司精准扶贫行为研究：动机与经济后果"（71802043）和教育部人文社会科学研究青年基金项目"外部大股东退出威胁的公司治理效应研究：流动性外生冲击的调节作用"（18YJC630007）的资助。

信息（Lo et al. 2017），即学术界通常提及的非财务信息与财务信息。由于易于统计与分析，早期研究仍主要以量化数据信息为主，如考察上市公司披露盈余信息的质量。伴随计算机科学的飞速发展，文本挖掘技术大大提高了解析文本叙述信息的可行性，尤其是针对年度报告的可读性进行测度，并揭示年报可读性变化的基本规律，正成为理论界研究的热点问题。

可读性是源自西方新闻传播学的"舶来"概念，原为readability，指文本能够被阅读者阅读与理解的程度或性质（Klare 2000），也有学者将可读性解释为行文中因主观遣词造句行为而对阅读者造成困难的程度。可读性是信息披露质量的重要保证（Davis and Tama-Sweet 2012，Lundholm et al. 2014），是非财务信息质量的主要衡量指标（Beyer et al. 2010）。可读性较差会加深不确定性（Guay et al. 2016），并在中小投资者交易量（Lawrence 2013）、分析师预测准确程度（刘永泽和高嵩 2014，Bozanic and Thevenot 2015）、信用评级机构分歧（Bonsall and Miller 2017）与资本市场异常反应（Loughran and McDonald 2014，徐寿福和徐龙炳 2015，肖土盛等 2017）等诸多方面产生不良影响。因此，相关研究已开始采用可读性衡量年报信息的披露质量（Lo et al. 2017，任宏达和王琨 2018，王克敏等 2018）。

我国现阶段资本市场参与者仍以中小投资者为主[①]，专业知识的欠缺和信息的弱势都对年报的可读性提出了更高要求。相较于晦涩难懂的信息，注重交互、可读性较高的信息往往会发挥事半功倍的显著作用，因此企业年报的可读性同样引起了监管部门的高度重视。早在2013年，《国务院办公厅关于进一步加强资本市场中小投资者合法权益保护工作的意见》明确指出，要"增强信息披露的针对性"，"披露内容做到简明易懂"[②]。之后，中国证券监督管理委员会在《公开发行证券的公司信息披露内容与格式准则第2号——年度报告的内容与格式（2015年修订）》中正式将有关可读性的表述单独列为一项，要求"公司编制年度报告时可以图文并茂，采用柱状图、饼状图等统计图表，以及必要的产品、服务和业务活动图片进行辅助说明，提高报告的可读性"[③]。

## 二、文献回顾与评述

英文可读性研究起步较早，学者指出文本可读应具备如下特征：①句子结构简单，句式清晰；②词语较容易阅读，较多出现常用词语与非专业词语，较少出现复杂词语与专业词语；③存在较少的干扰信息（Klare 2000，van den Broek and Kremer 2000）。同时，

---

[①]《国务院办公厅关于进一步加强资本市场中小投资者合法权益保护工作的意见》指出，中小投资者是我国现阶段资本市场的主要参与群体，但处于信息弱势地位。

[②] 资料来源：《国务院办公厅关于进一步加强资本市场中小投资者合法权益保护工作的意见》，http://www.gov.cn/zwgk/2013-12/27/content_2555712.htm，2013年12月27日。

[③]《公开发行证券的公司信息披露内容与格式准则第2号——年度报告的内容与格式（2015年修订）》，http://www.csrc.gov.cn/pub/zjhpublic/G00306201/201511/t20151113_286572.htm?keywords=，2015年11月9日。

也有研究发现视觉感受、信息密度与认知负荷（Oakland and Lane 2004）也会干扰阅读者（Hewaidy 2007，Hussainey et al. 2011）。基于上述特征，学术界从不同角度对可读性进行度量，包括主观评价（subjective assessment）、客观问题回答技术（objective question and answer techniques）、完形填空（cloze test）与可读性公式（readability formula）。从已有研究来看，基于计算语言学的方法对可读性所进行的定量分析（Li 2010，Riley et al. 2013），主要是采用可读性公式（Mandic et al. 2012）。

经典可读性公式的评价对象均是以英文为载体的文本信息，主要通过统计文本中的语法信息测度可读性，如句子特征（该要素会影响瞬时记忆中对前文单词的回溯）与词语特征（该要素会影响阅读者的认知速率），继而通过一系列的赋权计量后，以绝对数值结果评定可读性程度。目前应用较为广泛的可读性公式包括Flesch-Kincaid Reading Ease Formula（弗莱士易读度）与Fog指数[①]。前者主要考察总单词数、总句子数与总音节数，得分越高表示可读性越好；后者是目前可读性研究应用最为频繁的方法，而且考虑了复杂单词（音节数大于三个）对可读性的影响，得分越高表示可读性越差。此外，SMOG Index（烟雾指数）、Coleman Liau Index（科尔曼利奥指数）与Automated Readability Index（自动易读指数）在可读性的度量中也较为常见，并且在指标中扩充了总字符数。

相比之下，中文可读性的研究起步较晚，碍于语言差异与技术缺陷，已有研究大多从单一维度进行衡量，如排版设计、图片、色彩、俚语、语法复杂程度、专业词、文本页数、文本长度、平均句长、字均笔画、字均部件（左虹和朱勇 2014）。特别地，相较于英文可读性公式的成熟体系，中文可读性衡量不仅在权重的科学赋值方面亟待进一步完善，而且仍缺少可读性绝对数值计量的权威标准。

在信息披露领域，得益于文本信息的重要性，可读性正成为理论界重点关注的问题之一（Li 2010，Loughran and McDonald 2014）。早在1952年，Poshalian和Crissy（1952）便开始针对企业信息披露的可读性进行分析，后人主要聚焦于10-K报表（Lehavy et al. 2011）、CD&A报告（薪酬讨论与分析报告）（Laksmana et al. 2012）与MD&A报告（管理层讨论与分析报告）（Li 2008，Lundholm et al. 2014，Ginesti et al. 2017，孟庆斌等 2017）的可读性，并形成了较为一致的观点：那些经营业绩不佳、盈余质量较低的企业通常会披露可读性较差的信息（Li 2008，Lo et al. 2017），因此建议增加额外的信息披露方式缓解低可读性给信息质量带来的负面影响（Guay et al. 2016）。针对中文年报的可读性，任宏达和王琨（2018）指出，如果企业主要依赖社会关系获取资源，往往会披露可读性较低的年报；王克敏等（2018）研究发现，文本信息复杂性操纵对数字信息操纵具有替代作用，因此管理者出于自利动机会操纵年报信息的复杂性。上述研究对中文可读性的衡量主要关注了页数、平均句长、平均连词数、平均每页文件大小、平均每页代词数与逆接成分密度、会计术语密度、次常用字密度，不过对于句子层次结构及语态，以及复杂词汇的作用仍有待补充。

---

[①] Fog指数即gunning Fog score，以平均句长（总单词数量除以总句子数量）与复杂单词比例（三个以上音节单词数量除以总单词数量）测算可读性。

不难发现，现有研究在以下三点仍需进一步完善：一是因语言差异，英文可读性公式无法适用中文语言环境，仅依据单一中文指标评判可读性，无法做到科学和全面，缺少相应的综合评价方法；二是现有指标赋权过程较为简单，先验权重容易受到个体知识、经验和偏好的影响，而以数据为证据的后验权重却忽略了可读性的主观特性，这些均导致了统计值与真实值之间的偏差；三是中文可读性一直缺少权威标准，因此仅能评价可读性的相对值，仍需探索适宜的综合评价方法。

## 三、中文年度报告可读性综合评价体系构建原理

### （一）指标选择标准

可读性评价要保证指标的全面性，不仅要借鉴英文可读性公式，还要重点关注语言的差异化和会计学的专业性。首先，以中文语言学和新闻传播学为基础，立足可读性在句子与词汇方面的特征，同英文可读性公式进行匹配；其次，需借鉴现有信息披露可读性研究的评价指标；最后，对海选指标进行相关性筛选，并剔除部分因技术原因无法获取数据的指标。本文指标均源自国内外经典研究的高频指标。

### （二）指标赋权原则

企业信息披露应以信息使用者需求为导向（王竹泉和周在霞 2018），因此，可读性指标重要性程度应主要参考阅读者意见。不过，采用AHP赋权的缺陷在于过度依赖个体的主观经验与判断，随意性较强。因此，本文在AHP的基础上，通过服从既定分布随机变量的抽样序列模拟概率统计模型，计量得到AHP的渐进统计估计值。其中，既定分布选择三角经验分布函数，并对先验权重进行二次模拟修正和校验。考虑到该方法属于服从既定分布的随机数模型，其在一定程度上满足概率论中的大数定律，即当AHP判断矩阵可以独立重复构建后，AHP结果往往可以呈现一致趋势的规律，这将改变原始权重赋值，使其更趋近真实值。

### （三）评价方法选择

语言学没有对中文语言的可读性进行绝对值测算，缺少统一的标准和分级，因此可以通过计量企业间的相对差异对年报可读性进行综合评价。作为几何处理范畴内相对性排序分析和动态过程发展态势量化分析的主要工具，灰色关联度最适宜比较评价对象优劣顺序，因此可以有效处理可读性差异化和相对性的问题。

基于MC-AHP和灰色关联度的中文年度报告可读性综合评价体系构建原理如图1所示。

图1 基于MC-AHP和灰色关联度的中文年度报告可读性综合评价体系构建原理

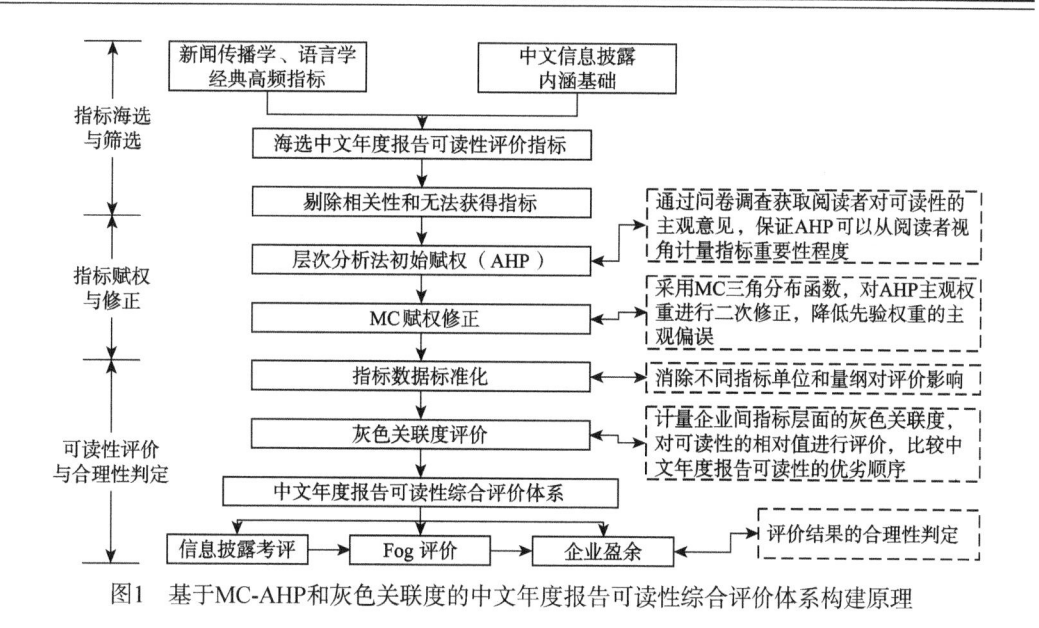

# 四、中文年度报告可读性综合评价体系构建方法

## （一）评价指标选取

语言学对语法单元的划分以"四分法"为主，即将年度报告划分为语素、词、词组和句子四个层次。据此，首先，基于心理学"锚定效应"，阅读者易受到文本第一信息的支配，即对基本特征的第一感知。如果第一印象发生偏离，则会导致后续阅读出现先入为主的不确定性，因此需要引入反映文本基本特征的可读性指标。其次，参考新闻传播学与语言学的可读性研究及英文可读性公式，评价指标应涵盖句子与词汇等方面的特征。最后，已有研究认为图片与表格属于感知范畴，可以提升阅读者体验，尤其对非黑白颜色的感知具有更明显的表面特征，符合日常生活中的三维彩色世界。综上，经筛选后的评价指标如表1所示。

表1 中文年度报告可读性评价指标

| 指标名称 | 内容释义 |
| --- | --- |
| 报告长度 | 页码范围 |
| 段落 | 所含总段落数 |
| 句子 | 所含总句子数 |
| 字符 | 所含总字符数 |
| 句子长度 | 平均句长 |
| 长句 | 平均句式层次 |

续表

| 指标名称 | 内容释义 |
| --- | --- |
| 被动句 | 所含被动句数量 |
| 专业词 | 所含会计专业词语数量 |
| 复杂词 | 所含复杂词语数量 |
| 图片 | 所含图片数量 |
| 表格 | 所含表格数量 |
| 颜色 | 非黑白 |

指标体系创新性地加入了长句、被动句与复杂词。研究发现，较多分句形成的复杂句式结构更容易影响可读性（Klare 2000）。我们参考黄伯荣和廖序东的《现代汉语》与马庆株的《现代汉语》，将长句定义为：形体较长、词语较多、修饰成分较多、结构比较复杂的句子①。同时，Asay等（2018）研究指出，在信息披露中使用被动语态会降低可读性，且张金桥和莫雷（2006）也提出汉语中的被动句比主动句更难理解。此外，我们借鉴《汉语水平词汇与汉字等级大纲》与Fog指数，选取三个以上语素构成的丙级词与丁级词作为复杂词②。

### （二）评价指标赋权

**1. AHP初始赋权**

本文对上述指标进行层次化处理，考虑到各指标的具体属性及对可读性的影响类别，构建如图2所示的层次分析模型。

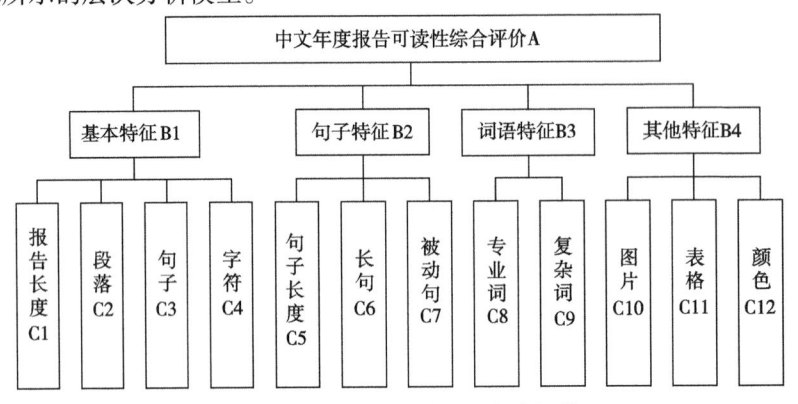

图2 中文年度报告可读性层次分析模型

---

① 长句主要特点为包含较多联合结构及分句中层次结构较多。相反，短句通常词汇较少，结构简单，形体短小。从阅读者角度来看，理解长句费时费力，而短句则较为容易理解，且较多分句所形成的复杂句式结构更容易影响可读性。据此，本文采用复杂长句衡量文本中的句子复杂程度，具体测度采用平均句子层次结构表示，即复句包含分句的平均程度。

② 采用Fog指数测度可读性的核心问题在于确定复杂词汇，英文情境下的复杂词通常指所含音节数量在三个以上的单词。不过，中文语言情境对于复杂词的界定还未形成统一认识，也缺乏权威界定。仅有国家汉语水平考试委员会颁布的《汉语水平词汇与汉字等级大纲》对词汇进行了等级区分，已有研究也大多参考这一标准开展研究（左虹和朱勇 2014）。本文同样依据《汉语水平词汇与汉字等级大纲》，并借鉴Fog指数，选取三个以上语素构成的丙级词和丁级词作为复杂词。

通过构建两两可读性指标互相比较的判断矩阵 $C=\left(C_{ij}\right)_{n\times n}$，计算相应的CI（一致性指标）、RI（平均随机一致性指标）和CR（随机一致性比率）值进行一致性检验，并在层次单排序后计算各层次对可读性评价的总排序及合成权重。具体计算步骤如下：

（1）计算判断矩阵每一行元素的乘积 $M_i$，$M_i = \prod_{j=1}^{n} a_{ij} \ (i=1,2,\cdots,n)$。

（2）计算 $M_i$ 的 $n$ 次方根 $\overline{W_i}$，$\overline{W_i} = \sqrt[n]{M_i}$。

（3）对向量 $\overline{W} = \left[\overline{W_1}, \overline{W_2}, \cdots, \overline{W_n}\right]^T$ 归一化处理，$W_i = \dfrac{\overline{W_i}}{\sum_{j=1}^{n}\overline{W_j}}$。

（4）计算判断矩阵的最大特征根 $\lambda_{\max}$，$\lambda_{\max} = \sum_{i=1}^{n} \dfrac{(CW)_i}{nW_i}$。

**2. MC赋权修正**

AHP的不足是由于存在主观判断偏差（Yaraghi and Tabesh 2015, Moreno-Jiménez et al. 2016），尤其是在权重相近指标之间更为明显，国外学者大多采用数学方法进行改进。本文借鉴Hsu和Pan（2009）与Zhu等（2019）的方法，采用MC进行修正，具体步骤如下。

（1）将上述判断矩阵 $C$ 设定为随机变量 $\phi_{i,j}$，必须同时满足 $\phi_{i,j}^n = \dfrac{1}{\phi_{j,i}^n}$ 和 $\phi_{i,i}^n = 1$。为了满足随机一致性比率基本要求，本文不考虑 $CR > 0.1$ 的情况。

（2）将可读性指标函数分布设定为三角分布，如图3所示。其中，$\max(\phi_{i,j})$、$\min(\phi_{i,j})$、$m(\phi_{i,j})$ 分别表示 $\phi_{i,j}$ 在参数估计过程中的最大值、最小值和最适度值。

图3 MC三角分布函数

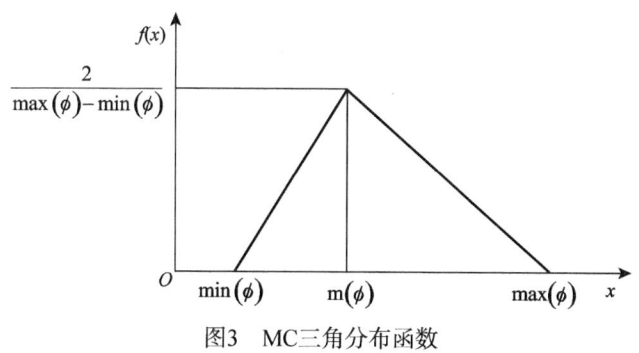

（3）确定模拟的随机临界值 $B$，令 $B = \left[m(\phi) - \min(\phi)\right] / \left[\max(\phi) - \min(\phi)\right]$。

（4）建立模拟函数如下所示。其中，$R$ 分别服从 $(0 \sim B)$ 和 $(B \sim 1)$ 之间的正态分布随机数，其对称中心为 $B$。

$$f(x)=\begin{cases}\min(\phi)+\sqrt{R\times\left[m(\phi)-\min(\phi)\right]\times\left[\max(\phi)-\min(\phi)\right]} & \min(\phi)\leqslant x\leqslant m(\phi)\cap R\leqslant B \\ \max(\phi)-\sqrt{(1-R)\times\left[\max(\phi)-m(\phi)\right]\times\left[\max(\phi)-\min(\phi)\right]} & m(\phi)\leqslant x\leqslant \max(\phi)\cap R\geqslant B\end{cases}$$

（5）通过服从三角分布随机变量$\phi_{i,j}$确定相应的可读性判断矩阵$C$。如前文所述，计算最大特征根$\lambda_{\max}$及对应特征向量$W$等。通常情况下，管理学科研究大多采用1 000次迭代模拟。

### （三）评价方法

**1. 确定最优指标集 $C^*$**

设$C^*=\left[c_1^*,c_2^*,\cdots,c_n^*\right]$，其中$c_n^*$表示可读性指标$n$的最优值，即样本中该指标最优方案。

**2. 构建无量纲化矩阵**

首先，采用原始数据构建矩阵$H$：

$$H=\begin{bmatrix} c_1^* & c_2^* & \cdots & c_n^* \\ c_1^1 & c_2^1 & \cdots & c_n^1 \\ \vdots & \vdots & & \vdots \\ c_1^m & c_2^m & \cdots & c_n^m \end{bmatrix}$$

其次，通过均值化方法对原始矩阵$H$进行处理得到$P$，其中，$p_k^i=\dfrac{c_k^i}{c_k}$。

$$P=\begin{bmatrix} p_1^* & p_2^* & \cdots & p_n^* \\ p_1^1 & p_2^1 & \cdots & p_n^1 \\ \vdots & \vdots & & \vdots \\ p_1^m & p_2^m & \cdots & p_n^m \end{bmatrix}$$

**3. 计算灰色关联度**

根据灰色系统理论，将$\{P^*\}=\left[p_1^*,p_2^*,\cdots,p_n^*\right]$作为参考数列，将$\{P\}=\left[p_1^i,p_2^i,\cdots,p_n^i\right]$作为比较数列，求得企业$i$可读性第$k$个指标值与第$k$个指标最优值之间的关联系数：

$$\delta_i(k)=\frac{\min\limits_i\min\limits_k\left|p_k^*-p_k^i\right|+\rho\max\limits_i\max\limits_k\left|p_k^*-p_k^i\right|}{\left|p_k^*-p_k^i\right|+\rho\max\limits_i\max\limits_k\left|p_k^*-p_k^i\right|}$$

其中，$\rho$通常取0.5，与前文修正后权重$W$通过$\mathrm{RA}_i=\sum\limits_{k=1}^{n}\delta_i(k)\times W(k)$计算得到企业$i$可读性相对值RA。

# 五、实证结果及分析

## （一）样本选取与数据来源

本文选取2007~2015年沪深两市A股制造业上市公司作为实证对象，制造业公司是上市公司的重要组成部分，且国内研究大多以制造业公司为研究样本（肖虹和洪琳琳 2013）。样本起始年份选2007年，主要是为了规避实施新会计准则的影响。样本公司年报通过手工方式从巨潮咨询网下载，部分格式错误的年报通过东方财富网进行填补。在此基础上，年报PDF格式转化为TXT格式通过迅捷转换器实现，文本挖掘通过R语言编程实现。相较其他语言与中文兼容性较差的不足，R语言函数较好地实现了与中文的对接，通过定义中文分词，采用devtools、jiebaR等函数，在TXT格式的年报中提取相关数据。本文还剔除了部分年报不连续及数据不可获得的观测值，最终得到样本容量为5 623。

问卷调查是AHP数据获取的主要途径。根据《国务院办公厅关于进一步加强资本市场中小投资者合法权益保护工作的意见》，"中小投资者是我国现阶段资本市场的主要参与群体，但处于信息弱势地位，抗风险能力和自我保护能力较弱，合法权益容易受到侵害"，故要求"有关主体应当真实、准确、完整、及时地披露对投资决策有重大影响的信息，披露内容做到简明易懂，充分揭示风险，方便中小投资者查阅"。可见，相较机构等专业投资者，中小投资者对信息可读性的需求更高。因此，本文的研究面向中小投资者发放匿名问卷200份，成功回收113份，其中有效问卷98份，有效率为86.73%。本文依据指标间重要性相对程度的众数构建判断矩阵。

## （二）评价指标赋权与修正

### 1. AHP初始赋权

根据判断矩阵结果，首先构造准则层相对于目标层的比较判断矩阵：

$$A = \begin{bmatrix} 1 & 1/3 & 1/3 & 3 \\ 3 & 1 & 1/3 & 5 \\ 3 & 3 & 1 & 5 \\ 1/3 & 1/5 & 1/5 & 1 \end{bmatrix}$$，其中，$\lambda_{max} = 4.1975$，$CI = 0.0658$，$RI = 0.9$，计算得到 $CR = 0.0731$，即随机一致性比率小于0.1，表明该判断矩阵具有满意的一致性。

同理，依次构造指标层相对于准则层的比较判断矩阵，并计算相应的CR值。

$$B_1 = \begin{bmatrix} 1 & 3 & 3 & 2 \\ 1/3 & 1 & 2 & 2 \\ 1/3 & 1/2 & 1 & 2 \\ 1/2 & 1/2 & 1/2 & 1 \end{bmatrix}$$，$CR = 0.0796$；$B_2 = \begin{bmatrix} 1 & 2 & 1/2 \\ 1/2 & 1 & 1/3 \\ 2 & 3 & 1 \end{bmatrix}$，$CR = 0.0079$；

$$B_3 = \begin{bmatrix} 1 & 3/2 \\ 2/3 & 1 \end{bmatrix}, \text{CR} = 0; \quad B_4 = \begin{bmatrix} 1 & 1/2 & 3 \\ 2 & 1 & 4 \\ 1/3 & 1/4 & 1 \end{bmatrix}, \text{CR} = 0.015\,8。$$

上述各判断矩阵的随机一致性比率CR均满足要求，所构建的层次分析模型适宜进行层次单排序与总排序的计算，最终得到的可读性评价指标的初始权重与排序结果如表2所示。

表2　可读性评价指标权重和排序结果

| 目标层(A) | 准则层(B) | 准则层权重($W^B$) | 指标层(C) | 指标层权重($W^C$) | 合成权重($W^B \times W^C$) | 排序 |
|---|---|---|---|---|---|---|
| A | $B_1$ | 0.146 5 | $C_1$ | 0.458 9 | 0.067 2 | 5 |
|  |  |  | $C_2$ | 0.239 4 | 0.035 1 | 8 |
|  |  |  | $C_3$ | 0.169 3 | 0.024 8 | 9 |
|  |  |  | $C_4$ | 0.132 5 | 0.019 4 | 11 |
|  | $B_2$ | 0.288 4 | $C_5$ | 0.297 0 | 0.085 7 | 4 |
|  |  |  | $C_6$ | 0.163 4 | 0.047 1 | 6 |
|  |  |  | $C_7$ | 0.539 6 | 0.155 6 | 3 |
|  | $B_3$ | 0.499 5 | $C_8$ | 0.600 0 | 0.299 7 | 1 |
|  |  |  | $C_9$ | 0.400 0 | 0.199 8 | 2 |
|  | $B_4$ | 0.065 5 | $C_{10}$ | 0.319 6 | 0.020 9 | 10 |
|  |  |  | $C_{11}$ | 0.558 4 | 0.036 6 | 7 |
|  |  |  | $C_{12}$ | 0.122 0 | 0.008 0 | 12 |

结果表明：专业词（$C_8$）、复杂词（$C_9$）与被动句（$C_7$）是决定可读性的关键因素，其影响系数分别为0.299 7、0.199 8与0.155 6，位列全部指标的前三位。此外，颜色（$C_{12}$）的作用程度最小，仅有0.008 0，其对可读性的影响可见一斑。值得注意的是，对于句子长度（$C_5$）、报告长度（$C_1$）与长句（$C_6$），还有表格（$C_{11}$）与段落（$C_2$），以及图片（$C_{10}$）与字符（$C_4$）来说，影响系数的内部差异并不明显。那么，在判断矩阵自身主观误差的范围内，相近权重指标的排序有待后文进一步检验。

**2. MC赋权修正**

正如前文所述，为了更好地解决AHP方法存在的主观偏误，本文拟对排序结果进行MC模拟，如表3所示。

表3　MC排序模拟

| 指标 | 1 | 2 | 3 | 4 | 5 | 6 | 7 | 8 | 9 | 10 | 11 | 12 | N |
|---|---|---|---|---|---|---|---|---|---|---|---|---|---|
| $C_1$ | 0 | 0 | 9 | 510 | 466 | 7 | 5 | 3 | 0 | 0 | 0 | 0 | 1 000 |
| $C_2$ | 0 | 0 | 0 | 0 | 0 | 0 | 652 | 289 | 44 | 12 | 0 | 3 | 1 000 |
| $C_3$ | 0 | 0 | 0 | 0 | 0 | 0 | 0 | 7 | 942 | 49 | 2 | 0 | 1 000 |
| $C_4$ | 0 | 0 | 0 | 0 | 0 | 0 | 51 | 0 | 0 | 805 | 136 | 8 | 1 000 |
| $C_5$ | 0 | 0 | 87 | 396 | 509 | 8 | 0 | 0 | 0 | 0 | 0 | 0 | 1 000 |

续表

| 指标 | 1 | 2 | 3 | 4 | 5 | 6 | 7 | 8 | 9 | 10 | 11 | 12 | $N$ |
|---|---|---|---|---|---|---|---|---|---|---|---|---|---|
| $C_6$ | 0 | 0 | 0 | 4 | 16 | 902 | 74 | 3 | 0 | 1 | 0 | 0 | 1 000 |
| $C_7$ | 2 | 146 | 792 | 54 | 6 | 0 | 0 | 0 | 0 | 0 | 0 | 0 | 1 000 |
| $C_8$ | 986 | 11 | 3 | 0 | 0 | 0 | 0 | 0 | 0 | 0 | 0 | 0 | 1 000 |
| $C_9$ | 12 | 843 | 109 | 33 | 3 | 0 | 0 | 0 | 0 | 0 | 0 | 0 | 1 000 |
| $C_{10}$ | 0 | 0 | 0 | 0 | 0 | 17 | 0 | 0 | 0 | 124 | 859 | 0 | 1 000 |
| $C_{11}$ | 0 | 0 | 0 | 3 | 0 | 11 | 269 | 698 | 14 | 2 | 3 | 0 | 1 000 |
| $C_{12}$ | 0 | 0 | 0 | 0 | 0 | 4 | 0 | 0 | 0 | 7 | 0 | 989 | 1 000 |
| $N$ | 1 000 | 1 000 | 1 000 | 1 000 | 1 000 | 1 000 | 1 000 | 1 000 | 1 000 | 1 000 | 1 000 | 1 000 | |

注：MC 模拟的横向和纵向频数总和均为 1 000

表3与表4为模拟后的排序情况，共有六项指标排序出现了变动，说明通过AHP计量各指标影响程度仍存在较小偏差。初始结果中，句子长度（$C_5$）与报告长度（$C_1$）的影响系数较为接近，但前者要强于后者，不过在模拟环境中出现相反结论；同时，表格（$C_{11}$）与段落（$C_2$）、图片（$C_{10}$）与字符（$C_4$）也得到类似结果。可见，对于AHP得到的相近指标来说，MC模拟可以更精确地识别上述因素的重要性，从而有效降低了评价过程中的主观性。不过，无论是初始排序还是模拟排序，位于重要性前三位的始终都是专业词（$C_8$）、复杂词（$C_9$）与被动句（$C_7$），表明句子与词汇对可读性会起到决定性作用。如果年报中出现过多的会计术语，行文以复杂的词汇为主，且句子结构较为烦琐的话，都会对阅读者造成一定的干扰。

**表4　两种方法排序结果比较**

| 指标层（C） | 初始排序 | 二次排序 | 变化 |
|---|---|---|---|
| $C_1$ | 5 | 4 | ↑ |
| $C_2$ | 8 | 7 | ↑ |
| $C_3$ | 9 | 9 | — |
| $C_4$ | 11 | 10 | ↑ |
| $C_5$ | 4 | 5 | ↓ |
| $C_6$ | 6 | 6 | — |
| $C_7$ | 3 | 3 | — |
| $C_8$ | 1 | 1 | — |
| $C_9$ | 2 | 2 | — |
| $C_{10}$ | 10 | 11 | ↓ |
| $C_{11}$ | 7 | 8 | ↓ |
| $C_{12}$ | 12 | 12 | — |

注：↑表示排序上升，↓表示排序下降，—表示排序不变

进一步，本文依据各指标判断矩阵中最大值、最小值与期望值，构建服从三角分布的MC模型，得到最终权重结果如表5所示。通过比较发现，两次模拟的排序结果一致，表明该方法及修正后的权重具有较高的信度，适宜用作后文的综合评价。

表5　MC模拟

| 目标层(A) | 准则层(B) | 准则层权重($W^B$) | 指标层(C) | 指标层权重($W^C$) | 新权重($W^B \times W^C$) | 新排序 |
|---|---|---|---|---|---|---|
| A | $B_1$ | 0.188 5 | $C_1$ | 0.460 0 | 0.086 7 | 4 |
|  |  |  | $C_2$ | 0.232 1 | 0.043 8 | 7 |
|  |  |  | $C_3$ | 0.173 4 | 0.032 7 | 9 |
|  |  |  | $C_4$ | 0.134 5 | 0.025 4 | 10 |
|  | $B_2$ | 0.275 0 | $C_5$ | 0.294 3 | 0.080 9 | 5 |
|  |  |  | $C_6$ | 0.170 4 | 0.046 9 | 6 |
|  |  |  | $C_7$ | 0.535 3 | 0.147 2 | 3 |
|  | $B_3$ | 0.476 3 | $C_8$ | 0.583 3 | 0.277 8 | 1 |
|  |  |  | $C_9$ | 0.416 7 | 0.198 5 | 2 |
|  | $B_4$ | 0.060 3 | $C_{10}$ | 0.318 6 | 0.019 2 | 11 |
|  |  |  | $C_{11}$ | 0.562 7 | 0.033 9 | 8 |
|  |  |  | $C_{12}$ | 0.118 8 | 0.007 2 | 12 |

## （三）灰色关联度评价结果

灰色关联度以参考数列为评价基准，从已有综合评价方法来看，该方法更适合解析年报可读性的相对性特征。同时，由于文本挖掘技术原因，受数据限制，本文剔除了无法获取且影响系数较小的四个指标，最终得到综合评价指标 $C_i$（$i=1,3,4,5,6,7,8,9$）及修正后的归一化权重，并以此构建灰色关联评判集 $X_j$（$j=1,2,3,4,5,6,7,8$）。样本的描述性统计结果如表6所示。整体来看，年报平均在135页左右，大约有685个句子，包含32万个字符。从句子特征来看，平均每个句子包含482个字符，句子的层次结构平均在8层左右，被动句的数量约为63个。从词汇特征来看，大部分公司会在年报中书写700多次会计专业术语，而复杂词汇仅出现101次。

表6　样本公司评判集描述性统计

| 评判集 | 参考指标 | 观测值 | 均值 | 标准差 | 最小值 | 最大值 |
|---|---|---|---|---|---|---|
| $X_1$ | $C_1$ | 5 623 | 135 | 37 | 47 | 404 |
| $X_2$ | $C_3$ | 5 623 | 685 | 188 | 240 | 1 931 |
| $X_3$ | $C_4$ | 5 623 | 323 458 | 99 186 | 71 136 | 1 040 825 |
| $X_4$ | $C_5$ | 5 623 | 482 | 122 | 165 | 2 015 |
| $X_5$ | $C_6$ | 5 623 | 8 | 2 | 2 | 23 |
| $X_6$ | $C_7$ | 5 623 | 63 | 25 | 3 | 165 |
| $X_7$ | $C_8$ | 5 623 | 737 | 160 | 62 | 1 576 |
| $X_8$ | $C_9$ | 5 623 | 101 | 36 | 12 | 503 |

对评判集 $X_j$ 无量纲化，以此构建判断矩阵，并测度可读性综合评价结果RA，如表7所示。其中，样本公司RA值最低为0.471，最高为0.749，类似Fog指数，RA值越低表示可读性越好。

表7　灰色关联度评价判断矩阵及结果

| 序号 | 公司代码 | 年度 | $X_1$ | $X_2$ | $X_3$ | $X_4$ | $X_5$ | $X_6$ | $X_7$ | $X_8$ | RA |
|---|---|---|---|---|---|---|---|---|---|---|---|
| 0001 | 600320.SH | 2013 | 0.349 | 0.438 | 0.321 | 0.719 | 0.627 | 0.128 | 0.152 | 0.278 | 0.471 |
| 0002 | 002043.SZ | 2010 | 0.831 | 0.356 | 0.220 | 0.605 | 0.669 | 0.112 | 0.144 | 0.119 | 0.472 |
| 0003 | 000700.SZ | 2009 | 0.861 | 0.541 | 0.317 | 0.573 | 0.702 | 0.112 | 0.247 | 0.149 | 0.478 |
| 0004 | 002066.SZ | 2007 | 0.475 | 0.454 | 0.377 | 0.814 | 0.686 | 0.048 | 0.311 | 0.338 | 0.479 |
| 0005 | 601002.SH | 2013 | 0.935 | 0.729 | 0.896 | 1.203 | 1.282 | 0.096 | 0.095 | 0.159 | 0.484 |
| … | … | … | … | … | … | … | … | … | … | … | … |
| 2809 | 002066.SZ | 2012 | 1.135 | 0.680 | 1.066 | 1.536 | 1.369 | 0.719 | 0.992 | 0.835 | 0.551 |
| 2810 | 600844.SH | 2009 | 0.831 | 1.053 | 1.015 | 0.944 | 0.733 | 1.183 | 0.985 | 0.904 | 0.551 |
| 2811 | 600530.SH | 2010 | 0.853 | 0.667 | 0.748 | 1.098 | 1.176 | 1.215 | 0.994 | 0.636 | 0.551 |
| 2812 | 600303.SH | 2013 | 0.994 | 0.814 | 0.982 | 1.181 | 1.358 | 0.783 | 1.015 | 0.964 | 0.551 |
| 2813 | 600307.SH | 2009 | 1.076 | 1.141 | 1.115 | 0.957 | 1.017 | 0.751 | 1.019 | 1.103 | 0.551 |
| … | … | … | … | … | … | … | … | … | … | … | … |
| 5619 | 000066.SZ | 2013 | 1.506 | 1.405 | 1.644 | 1.146 | 1.371 | 1.055 | 1.216 | 4.751 | 0.700 |
| 5620 | 000039.SZ | 2013 | 2.374 | 2.641 | 3.098 | 1.149 | 0.750 | 2.382 | 1.649 | 1.879 | 0.711 |
| 5621 | 002202.SZ | 2013 | 2.152 | 1.616 | 2.145 | 1.300 | 1.296 | 2.206 | 1.891 | 2.048 | 0.712 |
| 5622 | 000066.SZ | 2012 | 1.610 | 1.449 | 1.517 | 1.026 | 1.265 | 1.247 | 1.271 | 5.000 | 0.729 |
| 5623 | 002129.SZ | 2012 | 2.537 | 1.577 | 2.167 | 1.346 | 1.216 | 1.854 | 2.139 | 2.723 | 0.749 |

## （四）一致性检验与合理性判定

首先，计算RA值与SMOG Index及Coleman Liau Index的一致性，系数分别为0.40与0.37，满足社会学科相关性的要求。其次，变更评价方法为加权平均法与平均数法，相关系数均超过0.80。上述结果表明，本文通过一系列赋权、修正、评价测度的可读性综合值可以反映不同公司年报可读性的相对程度，具有较好的稳健性。最后，我们还从客观规律角度验证了该结果的合理性。

### 1. 符合信息披露考评结果

依据深圳证券交易所信息披露考评结果，优秀、良好、合格、不合格四类公司的年报可读性存在显著差异（$P=0$）。在控制盈余信息、审计意见、违规处理、年份与行业因素，并在公司层面进行稳健的标准误聚类后，回归得到RA与考评结果在10%的水平上呈显著负相关关系（$Z=1.58$），表明深市上市公司年报可读性越高，其信息披露考评结果越好。

### 2. 符合RA分值与Fog指数评级标准

按照Fog分数将样本公司划分为高低两组，以此对RA值进行ANOVA测试，方差无显著齐性（Prob>chi2=0.207），组间表现为显著性差异（$P=0$），并且高Fog分数样本组的RA均值同样较高，表明本文的综合评价结果同样满足于Fog指数对年报的区分。

**3. 符合RA分值与公司盈余表现规律**

参考Li（2008）与Lo等（2017）的研究，公司盈余信息与年报可读性直接相关，达到上一年度盈余目标的公司年报可读性更好。本文依据每股收益与净利润作为变动标准，发现在达到盈余目标的公司中，年报可读性要显著好于未达标的公司。

## （五）进一步分析

年报文本信息往往具有一定的披露惯性，不过由于会计准则的完善及项目的丰富，年报的可读性会在不同会计年度产生变化。同时，由于上海证券交易所与深圳证券交易所针对信息披露的监管细节略有不同，且这两处上市公司的属性与特征存在显著差异，故二者年报的可读性各具特色。分会计年度看，RA值从2007年的0.528攀升到2014年的0.580，不过RA值在2015年回落到0.578，表明《公开发行证券的公司信息披露内容与格式准则第2号——年度报告的内容与格式（2015年修订）》首次将"提高报告的可读性"单独列为一项，产生了较好的预期效果。

根据原始文本挖掘数据，$X_1$、$X_3$、$X_6$与$X_7$的过快增长导致了年报可读性持续走低，如图4所示。其中，年报长度与总字符数增长较快，导致可读性大幅降低；而被动句与专业词在2015年的应用有所减少，致使可读性有所提高。这四项数据的变化是可读性变化的直接原因，究其根本原因可能是公司的盈余偏好与舞弊行为发生改变，进而通过操纵与修饰年报文本实现信息的复杂化或简单化，以此对真实盈余信息进行掩饰（Ajina et al. 2016，Kim et al. 2017）。这一结果也反映出年报可读性操纵在我国的上市公司中开始浮现，这与Lo等（2017）的研究发现较为一致。当然，由于董事会秘书（以下简称董秘）是信息披露的直接负责人，因此也不排除部分公司发生董秘变更导致信息披露的风格、形式或内容等发生变化。

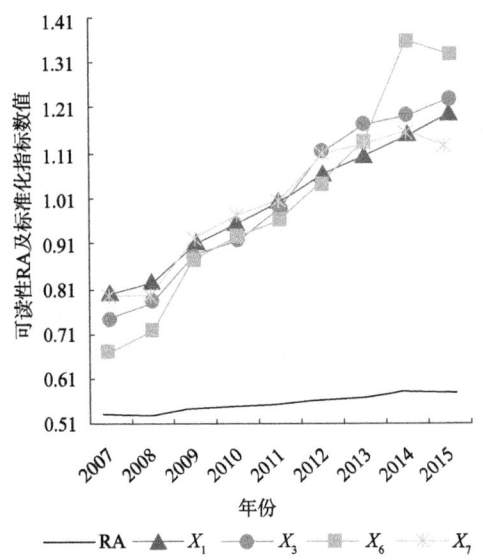

图4 2007~2015年样本公司年报可读性及主要参考指标

分证券交易所看，深市 RA 值要显著高于沪市 RA 值，即沪市年报可读性要好于深市，信息的显示作用也更有效，进一步解释了沪市投资敏感性较小（王增文 2017），如表8所示。具体来看，深市上市公司年报较长，包含较多的句子与字符，同时倾向使用较多的复杂词汇；对于沪市上市公司来说，年报句子的平均长度更长，而且偏好采用复杂的句式结构，且行文中较多地运用会计专业术语；不过，对于被动句来说，二者之间并没有显著差异。

**表8　样本公司沪深两市 $t$ 检验**

Test of difference：diff =mean（SH）– mean（SZ）

| | 全样本（$N$=5 623） | | 沪市样本（$N$=2 834） | | 深市样本（$N$=2 789） | |
|---|---|---|---|---|---|---|
| | 均值 | Ha：diff < 0 | 均值 | Ha：diff != 0 | 均值 | Ha：diff > 0 |
| RA | 0.555 1 | 0.008 7*** | 0.554 2 | 0.017 4** | 0.556 1 | 0.991 3 |
| $X_1$ | 134.782 7 | 0*** | 127.168 0 | 0*** | 142.520 3 | 1.000 0 |
| $X_2$ | 685.454 7 | 0*** | 655.530 3 | 0*** | 715.862 0 | 1.000 0 |
| $X_3$ | 323 458 | 0*** | 311 716 | 0*** | 335 390 | 1.000 0 |
| $X_4$ | 481.676 1 | 0.992 2 | 485.590 3 | 0.015 6** | 477.698 7 | 0.007 8*** |
| $X_5$ | 8.439 4 | 1.000 0 | 8.826 3 | 0*** | 8.046 3 | 0*** |
| $X_6$ | 62.555 6 | 0.784 5 | 62.816 5 | 0.430 9 | 62.290 4 | 0.215 5 |
| $X_7$ | 736.699 1 | 0.952 4 | 740.232 5 | 0.095 1* | 733.108 6 | 0.047 6** |
| $X_8$ | 100.609 8 | 0*** | 97.172 9 | 0*** | 104.102 2 | 1.000 0 |

\*、\*\*、\*\*\*分别表示显著性水平为 0.1、0.05、0.01

# 六、研究结论与建议

针对英文可读性公式无法适用中文语言情景，而中文可读性评价指标过于单一、赋权方法简单、评价方法与可读性标准不匹配等问题，本文首次尝试从新闻传播学、语言学与会计学中筛选评价指标，扩充了长句与被动句（句子结构与语态）、复杂词与专业词（词语特征），并运用MC方法与AHP相结合的方法提取指标权重，同时引入灰色关联度对样本公司年报的可读性进行测度，最终构建适于我国上市公司中文年度报告特点的可读性综合评价体系。研究发现：①年报可读性主要取决于词语难易程度及句式结构的复杂性。其中，会计专业术语、复杂词汇与被动语态是损害可读性的关键因素。相比之下，文本的基本特征，以及图片与颜色等其他特征对可读性的影响相对较弱。②经MC修正结果表明，文本长度的影响要强于句子长度的影响，表格对可读性的改善仍弱于文本包含段落因素的作用，且图片也要弱于字符总数的作用。③从样本公司来看，年报可读性的不断降低是由于披露了过多的被动语态与会计专业术语，而且年报的篇幅与字符也逐年增多。同时，沪市上市公司的年报可读性要稍好于深市上市公司的年报可读性，除被动语态外，二者在各指标间均存在显著差异。

本文提出如下建议：一方面，为了有效提高年度报告的可读性，上市公司在年报中应尽量降低会计专业术语与复杂词汇的使用，同时避免过多地出现被动语态，适宜采用简单的句式结构，从而提高年报使用者的阅读体验，促进信息的有效传递。另一方面，相关监管机构应继续完善主要的法规与制度，依据不同文本要素对可读性的影响进一步细化信息披露内容与格式准则的具体要求，突出词汇与句式结构的重要性；针对沪深两市上市公司年报披露的差异与特点，鼓励公司适当控制年报的行文篇幅，并加大对深市上市公司年报可读性的监管力度，以期改善中小投资者的信息弱势地位，促进资本市场的健康发展。

# 参 考 文 献

刘永泽，高嵩. 2014. 信息披露质量、分析师行业专长与预测准确性——来自我国深市A股的经验证据. 会计研究，（12）：60-65.

孟庆斌，杨俊华，鲁冰. 2017. 管理层讨论与分析披露的信息含量与股价崩盘风险——基于文本向量化方法的研究. 中国工业经济，（12）：1-19.

任宏达，王琨. 2018. 社会关系与企业信息披露质量——基于中国上市公司年报的文本分析. 南开管理评论，21（5）：128-138.

王克敏，王华杰，李栋栋，等. 2018. 年报文本信息复杂性与管理者自利——来自中国上市公司的证据. 管理世界，（12）：120-132.

王增文. 2017. 经济新常态下中国社会保障基金均衡投资组合策略及决定因素分析——基于沪、深两市数据的比较. 中国管理科学，25（8）：30-38.

王竹泉，周在霞. 2018. 现行财务报表列报及分析体系缺陷与改进——基于财务报告主要信息使用者需求角度. 当代会计评论，11（4）：116.

肖虹，洪琳琳. 2013. 转轨经济环境下R&D投资的政策激励效应——基于行业分析视角. 当代会计评论，6（1）：20-39.

肖土盛，宋顺林，李路. 2017. 信息披露质量与股价崩盘风险：分析师预测的中介作用. 财经研究，43（2）：109-120.

徐寿福，徐龙炳. 2015. 信息披露质量与资本市场估值偏误. 会计研究，（1）：40-47.

张金桥，莫雷. 2006. 汉语主动句、被动句的命题表征项目顺序特点. 心理学报，38（3）：317-323.

左虹，朱勇. 2014. 中级欧美留学生汉语文本可读性公式研究. 世界汉语教学，28（2）：263-276.

Ajina A, Laouiti M, Msolli B. 2016. Guiding through the Fog: does annual report readability reveal earnings management? Research in International Business and Finance, 38: 509-516.

Asay H S, Libby R, Rennekamp K. 2018. Firm performance, reporting goals, and language choices in narrative disclosures. Journal of Accounting & Economics, 65（2~3）：380-398.

Beyer A, Cohen D A, Lys T Z, et al. 2010. The financial reporting environment: review of the recent literature. Journal of Accounting and Economics, 50（2）：296-343.

Bonsall S, Miller B. 2017. The impact of narrative disclosure readability on bond ratings and the cost of debt. Review of Accounting Studies, 22（2）：608-643.

Bozanic Z, Thevenot M. 2015. Qualitative disclosure and changes in sell-side financial analysts' information environment. Contemporary Accounting Research, 32（4）: 1595-1616.

Davis A K, Tama-Sweet I. 2012. Managers' use of language across alternative disclosure outlets: earnings press releases versus MD&A. Contemporary Accounting Research, 29（3）: 804-837.

Ginesti G, Sannino G, Drago C. 2017. Board connections and management commentary readability: the role of information sharing in Italy. Corporate Governance: the International Journal of Business in Society, 17（1）: 30-47.

Guay W, Samuels D, Taylor D. 2016. Guiding through the fog: financial statement complexity and voluntary disclosure. Journal of Accounting and Economics, 62（2）: 234-269.

Hewaidy A. 2007. Readability of financial statement footnotes of Kuwaiti corporations. European Journal of Economics, Finance and Administrative Sciences, 8: 18-28.

Hsu T, Pan F F C. 2009. Application of Monte Carlo AHP in ranking dental quality attributes. Expert Systems with Applications, 36（2）: 2310-2316.

Hussainey K, Bayerlein L, Davidson P. 2011. The influence of connotation on readability and obfuscation in Australian chairman addresses. Managerial Auditing Journal, 27（2）: 175-198.

Kim J, Kim Y, Zhou J. 2017. Languages and earnings management. Journal of Accounting and Economics, 63（2~3）: 288-306.

Klare G R. 2000. The measurement of readability: useful information for communicators. ACM Journal of Computer Documentation, 24（3）: 107-121.

Laksmana I, Tietz W, Yang Y. 2012. Compensation discussion and analysis（CD&A）: readability and management obfuscation. Journal of Accounting and Public Policy, 31（2）: 185-203.

Lawrence A. 2013. Individual investors and financial disclosure. Journal of Accounting and Economics, 56（1）: 130-147.

Lehavy R, Li F, Merkley K. 2011. The effect of annual report readability on analyst following and the properties of their earnings forecasts. The Accounting Review, 86（3）: 1087-1115.

Li F. 2008. Annual report readability, current earnings, and earnings persistence. Journal of Accounting and Economics, 45（2~3）: 221-247.

Li F. 2010. Textual analysis of corporate disclosures: a survey of the literature. Journal of Accounting Literature, 29: 143-165.

Li F. 2012. Discussion of analyzing speech to detect financial misreporting. Journal of Accounting Research, 50（2）: 393-400.

Lo K, Ramos F, Rogo R. 2017. Earnings management and annual report readability. Journal of Accounting and Economics, 63（1）: 1-25.

Loughran T, McDonald B. 2014. Measuring readability in financial disclosures. The Journal of Finance, 69（4）: 1643-1671.

Lundholm R J, Rogo R, Zhang J L. 2014. Restoring the Tower of Babel: how foreign firms communicate with US investors. The Accounting Review, 89（4）: 1453-1485.

Mandic C G, Rudd R, Hehir T, et al. 2012. Readability of special education procedural safeguards. The Journal of Special Education, 43（4）: 195-203.

Moreno-Jiménez J M, Salvador M, Gargallo P, et al. 2016. Systemic decision making in AHP: a Bayesian approach. Annals of Operations Research, 245（1~2）: 261-284.

Oakland T, Lane H B. 2004. Language, reading, and readability formulas: implications for developing and adapting tests. International Journal of Testing, 4（3）: 239-252.

Poshalian S, Crissy W J. 1952. Corporate annual reports are difficult, dull reading, human interest value low, survey shows. Journal of Accountancy, 94（2）: 215.

Riley T J, Semin G R, Yen A C. 2013. Patterns of language use in accounting narratives and their impact on investment-related judgments and decisions. Behavioral Research in Accounting: 26（1）：59-84.

van den Broek P, Kremer K E. 2000. The mind in action: what it means to comprehend during reading//Taylor B M, Graves M F, van den Broek P. Reading for Meaning: Fostering Comprehension in the Middle Grades. New York: Teachers College Press: 1-31.

Yaraghi N, Tabesh P, Guan P, et al. 2015. Comparison of AHP and Monte Carlo AHP under different levels of uncertainty. IEEE Transactions on Engineering Management, 62（1）：122-132.

Zhu J, Wang E, Sun W. 2019. Application of Monte Carlo AHP in ranking coastal tourism environmental carrying capacity factors. Asia Pacific Journal of Tourism Research, 24（7）：644-657.

# Empirical Tests of the Comprehensive Evaluation System of Readability of Chinese Annual Reports: An Approach Based on Monte Carlo-AHP and the Degree of Grey Relationship

Wenzhang Sun[1], Yanxi Li[2] and Jiawei Zhu[3]

1. School of Accounting, Dongbei University of Finance and Economics; China Internal Control Research Center, Dalian, Liaoning, China 116025
2. School of Economics and Management, Dalian University of Technology, Dalian, Liaoning, China 116024
3. International Business College, Dongbei University of Finance and Economics, Dalian, Liaoning, China 116025

**Abstract**: Because Chinese language is used in a firm's annual report in China and there exists fundamental differences in grammar and vocabulary between Chinese and English languages, the classic models of linguistics based on English language cannot provide a scientific evaluation on readability. Based on the evaluation criteria of readability from Chinese communications and linguistics, this paper establishes a system of indicators that are constructed from various parts of annual reports. To that end, we first apply the Analytic Hierarchy Process（AHP）to questionnaire-surveys to calculate initial weights of an input matrix that reflect readers' subjective opinions on readability. Then, we use Monte Carlo simulations to modify the initial weights and thus these modified weights contain less subjective bias. Lastly, using the text-mining application of R for extracting data from Chinese annual reports and then applying the Grey Relationship method to the extracted data, we empirically test the difference in readability among annual reports for different firms and check for consistency and plausibility of the differences. Our results reveal the fundamental regularities in readability of Chinese annual reports for listed firms in China and contribute to the accounting literature on readability of financial reports. Our results help to improve the information disclosure in China.

***Keywords***：Monte Carlo-AHP weights；grey relationship method；readability；annual report；text mining.

# 商誉减值与未来现金流*

张东旭　梁德杰　周泽将

（安徽大学商学院，安徽　合肥　230601）

**【摘要】** 公允价值的运用是否有助于提高会计信息的决策有用性一直存在争议，本文利用商誉减值与未来现金流之间的关系从预测价值视角对该问题进行实证检验。研究发现，商誉减值金额与未来现金流呈显著负相关关系，该研究结论在进行一系列的检验后依然成立。进一步研究表明，商誉减值与未来现金流之间的关系在无形资产规模更小、非大洗澡动机和非盈余平滑动机的样本中更为显著。本文的研究结论对于资产减值准则的进一步修订和完善有一定的参考价值。

**【关键词】** 商誉减值　相关性　预测价值　现金流

## 一、引　言

伴随着企业并购活动的开展，企业的财务报表上累积了大量的商誉资产，商誉资产的价值是否能够被准确地计量及商誉资产可能带来的系统性风险问题，一直都是会计准则制定机构、监管机构及资本市场投资者关心的重要话题。从会计视角来看，商誉资产减值是对商誉资产价值的修正，并充分释放商誉资产的减值风险，以期为投资者提供决策有用的信息。那么，这一目标是否可以实现呢？

从理论上看，商誉减值可以避免商誉资产的高估，商誉减值会计信息具有决策有用性，且商誉减值本身所反映的企业未来现金流信息的变动也为投资者决策提供了必要的信息。但同时，由于商誉资产本身的无形性特征，其价值较难以进行客观的衡量，且减

---

\* 张东旭，讲师，E-mail：277687436@163.com；梁德杰，硕士研究生，E-mail：llldj@foxmail.com；周泽将，教授，E-mail：ahuzzj@126.com。本文受到国家社会科学基金青年项目"基于公司财务视角的商业贿赂治理研究"（15CGL017）、国家自然科学基金面上项目"本地任职、政治关联与企业财务行为：中国关系情境中独立董事视角的理论构建与实证检验"（71772001）和安徽高校人文社会科学研究重点项目"商誉减值会计信息有用性研究"（SK2018A0015）的资助。

值测试程序涉及较多的估计与判断，使得商誉减值的可验证性较低（Huikku et al. 2017）。若高管存在机会主义盈余管理动机，反而可能会降低商誉减值会计信息的相关性（Holthausen and Watts 2001，Watts 2003）。因此，从理论上看，在企业会计准则中舍弃对商誉资产的摊销处理，仅对商誉资产进行减值测试并不一定能够实现提供有用会计信息的目标。

从研究方法上看，已有的商誉减值相关性研究多基于价值相关性方法进行分析。该类研究在有效市场的假定前提下考察商誉减值会计信息是否提高了股票市场的定价效应，若商誉减值会计信息具有价值相关性，则股票市场的股价会因此而下降（Hirschey and Richardson 2002，Dahmash et al. 2009，Lapointe-Antunes et al. 2009，Li et al. 2011，Hamberg and Beisland 2014，Knauer and Wöhrmann 2015，曲晓辉等 2017），反之则不会。该类研究还对投资者依赖于财务报告信息做出决策的假定有较强的依赖性。由于财务报告仅仅是投资者获取上市公司相关信息的渠道之一，即使得出了两者相关的结论，也无法直接推论出该结果是会计信息有效所致；反之，即使没有得出两者之间的相关关系，也无法说明会计信息是无效的，因为投资者可能是综合了各种信息做出投资决策。并且，这种以股价为基础的检验，更可能是一种对可靠性与相关性的联合检验，而非针对会计信息相关性的直接验证（Barth et al. 2001a，任世驰和冯丽颖 2016）。

针对价值相关性研究的不足，还有部分研究基于商誉减值对未来现金流的预测价值来对商誉减值的相关性进行研究。Jarva（2009）的研究发现，商誉减值对未来现金流具有一定的预测能力；Lee（2011）发现在实施SFAS[①]142以后，商誉减值对未来现金流的预测能力得到进一步提高；Bostwick等（2016）从统计学的视角证明了商誉减值对未来现金流预测模型的作用。该类研究多是对FASB（Financial Accounting Standards Board，财务会计标准委员会）背景下的商誉减值预测价值的检验，但关于中国上市公司商誉减值预测价值的研究还较为少见。

不同于欧美等发达资本市场，中国目前是否具备了使用公允价值计量的环境还存在争议（支晓强和童盼 2010，王守海等 2012，卢煜和曲晓辉 2016），因此，采用以公允价值为基础的商誉减值测试并不能保证向外部投资者提供有用的会计信息。另外，由于企业在资产市场上面临较多的制度约束，增加了企业利用商誉减值测试进行盈余管理的可能性，使得商誉减值会计信息的有用性目标越发难以实现。因此，有必要基于中国的资本市场数据实证检验商誉减值测试所提供会计信息的有用性问题，这也是本文的主要研究动机。

针对中国资本市场中的商誉减值相关性问题，本文采用2007~2012年的A股上市公司数据进行研究。研究发现，商誉减值金额与未来现金流呈显著负相关关系。该研究结论在进行了一系列的检验后依然成立。这表明从预测价值角度看，在中国情境下采用公允价值计量的商誉减值会计规则能够提供具有决策有用性的会计信息。进一步研究发现，商誉减值的预测能力受到相关企业特征的影响，在无形资产规模更小的样本，以及不具有大洗澡动机和盈余平滑动机的样本中，以上结果更为稳健。这表明当企业的盈余管理

---

① SFAS：Statement of Financial Accounting Standards，财务会计准则公告。

能力更强及盈余管理动机更强时，商誉减值会计信息的预测价值会受到影响，资产减值会计信息的决策有用性目标难以达成。以上发现对提高商誉减值信息的使用效率有一定的现实意义，也为会计准则制定部门修改和完善商誉减值方法提供了参考。

本文的创新点主要体现在以下两点。第一，本文从预测价值的角度实证检验了中国情境下商誉减值会计信息的相关性问题。基于中国的商誉减值相关性研究多采用价值相关性方法进行研究，缺少来自其他视角的证据，且基于本文的研究样本并未发现商誉减值会计规则被严重操控的证据。第二，本文还发现企业利用商誉减值进行盈余管理的能力及动机会影响商誉减值的预测价值。现有研究还较少关注商誉减值的盈余管理能力对商誉减值会计信息相关性的影响，本文的研究发现商誉减值的盈余管理能力也是影响商誉减值会计信息相关性的重要影响因素。

本文的结构安排如下：第二部分为研究假设；第三部分为研究设计；第四部分为样本与数据；第五部分为实证结果，第六部分为研究结论。

## 二、研究假设

在历史成本计量模式下，会计计量较为忽视计量的相关性特征，更为注重计量的可靠性特征。在不改变历史成本计量模式的前提下，资产减值规则的引入，缓和了企业资产高估的问题，提高了企业会计信息的相关性，有利于决策有用性目标的实现。资产减值方法更为强调资产的经济价值，并强调将资产的价值变动及时反映在企业的财务报告之中，从而使得资产的真实价值能够得到及时反映。企业资产或资产组的真实价值往往是未来现金流折现价值的体现，当资产组或资产组组合需要计提资产减值准备时，其未来产生现金流的能力会下降，故资产减值能够对未来的现金流起到预测作用。

从商誉减值测试技术角度看，中国采用了与国际会计准则相一致的商誉减值处理办法，要求企业基于资产组或资产组组合层面对商誉进行减值测试，并强调减值测试中的可回收金额以公允价值减去处置费用与使用价值孰高作为标准，放弃了FASB所采用的单一公允价值标准。IASB（International Accounting Standards Board，国际会计准则理事会）在《国际会计准则第36号——资产减值》结论基础上解释到，这主要是因为市场价值对于商誉等资产而言更不可得，且无法预期企业的实际决策倾向。因此，允许企业运用职业判断会更有利于商誉信息质量的提高。由于使用价值的计算要求企业使用相应的现值技术，通过估算企业的未来现金流来计算企业相关资产组或资产组组合的真实价值，这种确认使用价值的方法更加密切了商誉减值与未来现金流之间的联系。且IASB相信其设计了一个充分严密且具有可操作性的商誉减值测试程序，可以为财务报告使用者提供更多有用的信息。基于以上分析，本文提出假设1a。

假设1a：其他条件不变的情况下，商誉减值信息与未来现金流量呈显著负相关关系。

由于无法判定企业在发生资产减值时是出售该资产还是选择继续持有该资产，当

IASB允许企业在公允价值减去处置费用与使用价值之间进行选择时，若企业存在盈余管理的动机，那么该选择的结果会降低商誉减值会计信息的可靠性，从而降低其相关性，即同时降低了其对未来现金流的预测能力。当然，除可回收金额的孰高标准外，在商誉减值测试中存在一系列的职业判断（如折现率的选择、折现期间的选择、未来现金流的估计、资产组的划分、商誉金额的分摊），而且这些判断多不具有可验证性的特征，因此在存在盈余管理动机的企业中，以上因素均会成为企业操控商誉减值的方法（Beatty and Weber 2006，Ramanna 2008，Ramanna and Watts 2012），从而降低商誉减值对未来现金流的预测能力。

当存在以上诸多的职业判断与估计时，即使不存在高管或企业的机会主义盈余管理动机，估计本身的误差也会导致商誉减值的结果与实际的真实结果存在差异，从而导致商誉减值信息的预测能力下降。另外，商誉减值测试程序的复杂性，企业执行资产减值测试的成本大大提升，使得企业可能会降低对商誉相关准则的遵循度（Glaum et al. 2013），这也会降低商誉减值测试的有效性，进而导致商誉减值会计信息对未来现金流信息预测能力的下降。基于以上分析，本文提出假设1a的对立假说。

假设1b：在其他条件不变的情况下，商誉减值信息与未来现金流量不相关。

## 三、研 究 设 计

为了检验商誉减值对企业未来现金流的预测能力，本文借鉴了Barth等（2001b）的研究思路，在其研究模型的基础上添加了商誉减值变量[①]。具体见模型（1）。

$$F\_CF_{i,t+j} = \alpha_0 + \alpha_1 CF_{i,t} + \alpha_2 GWIMP_{i,t} + \alpha_3 AR_{i,t} + \alpha_4 INV_{i,t} + \alpha_5 AP_{i,t} + \alpha_6 DEPR_{i,t} + \alpha_7 OTHER_{i,t} + \varepsilon_{i,t} \quad (1)$$

其中，$F\_CF_{i,t+j}$表示企业未来的预期现金流，以企业未来三年的经营活动产生的现金流量净额的均值表示；$CF_{i,t}$表示企业当期的现金流情况，以企业当期的经营活动产生的现金流量净额表示；$GWIMP_{i,t}$表示企业的商誉减值情况，以企业当期的商誉减值金额表示，若当期未计提商誉减值准备，则取值为0；$AR_{i,t}$表示企业的应收账款变动情况，以企业期末的应收账款账面价值减去期初值表示；$INV_{i,t}$表示企业的存货变动情况，以企业期末的存货账面价值减去期初值表示；$AP_{i,t}$表示企业应付账款的变动情况，以企业期末的应付账款账面价值减去期初值表示；$DEPR_{i,t}$表示企业折旧与摊销的变动情况，以企业现金流量表中的固定资产折旧额及无形资产摊销额之和表示；$OTHER_{i,t}$表示企业的其他应计项目，以企业当期的净利润减去以上应计项目的差额表示；$\varepsilon_{i,t}$为残差项。以上所有的变量均除以年初股票市值以消除规模效应的影响。

---

[①] Jarva（2009）及Bostwick等（2016）均采用了该思路对商誉减值和未来现金流之间的关系进行研究。

根据Barth等（2001b）的研究结论，将当期盈余分解为不同的应计组成部分和现金流部分，比使用不同滞后期的盈余有更好的预测未来现金流的能力。因此本文参考其研究结论和分解方法，使用现金流与不同应计项目的模型预测企业的未来现金流。同时，考虑到商誉减值决策是基于未来多期现金流预期的决策，使用单一年度的现金流水平无法有效反映商誉减值的决策基础，故本文的因变量取未来三年的现金流平均值。根据本文的假设，若商誉减值具有相关性，即具有预测能力，则变量GWIMP的取值越大，表示企业未来现金流入的可能性越小，因此变量GWIMP的回归系数$\alpha_2$应为负值；否则该系数不为负值。根据Barth等（2001b）的研究，预期企业当期的现金流变量CF与未来现金流之间呈显著正相关关系；构成应计项目中的变量AR、变量INV及变量DEPR均与未来现金流呈正相关关系，变量AP与未来现金流呈负相关关系。

## 四、样本与数据

### （一）样本选择

本文以2007~2012年所有A股上市公司样本作为初选样本。以2007年作为研究期间的起点，主要是考虑到在现行的《企业会计准则》之前，相关会计规则与会计制度对商誉的确认与计量并没有明确的规定，极少有企业在财务报表中确认商誉资产，进行商誉减值处理的企业更少。另外，考虑到本文的因变量为未来三年的现金流量均值，因此本文的实际样本区间为2007~2015年。同时，本文的稳健性检验还对未来五年现金流预测情况进行检验，考虑到数据的可得性，本文研究期间的终点为2012年。由于本文的研究目标是分析商誉减值的预测价值，本文将年初商誉资产账面价值数据缺失及取值为0的样本均剔除，保证所有的样本均有可能发生商誉减值。在此基础上，本文参考Barth等（2001b）及Jarva（2009）等已有研究，去除金融行业样本[①]，同时删除主要变量缺失的样本，最终共获取3 248个公司年度样本，共935家上市公司。本文所有的数据均来自国泰安数据库。

### （二）描述性统计

表1为本文主要解释变量商誉减值的样本分布情况。由表1的Panel A可知，除2008年外，本文的商誉减值样本量呈现出逐年下降的趋势，截至2012年商誉减值样本量仅为19家，减值样本占未减值样本的比例平均为6.25%。在样本期间，2008年的商誉减值样本所占比例最高，达到11.75%；2012年的商誉减值样本所占比例最低，仅为2.40%。由表1的Panel B可知，减值样本占未减值样本比例较高的行业为卫生和社会工作业（33.33%），以及农、林、牧、渔业（12.68%）及建筑业（11.49%）；所占比例较低的行业为房地产业（3.03%），

---

① 本文按照中国证券监督管理委员会（以下简称证监会）公布的《上市公司行业分类指引》（2012年修订）对样本企业的行业情况进行分析，金融业的代码为J。

交通运输、仓储和邮政业（3.77%），以及文化、体育和娱乐业（3.85%）。其中，住宿和餐饮业，科学研究和技术服务业，以及居民服务、修理和其他服务业均没有商誉减值样本，说明商誉减值样本在不同行业间的分布存在一定的差异。

表1 样本的年度及行业分布情况

| 年份 | 2007 | 2008 | 2009 | 2010 | 2011 | 2012 | 总计 |
|---|---|---|---|---|---|---|---|
| Panel A：年度分布 | | | | | | | |
| 减值样本量 | 33 | 51 | 49 | 31 | 20 | 19 | 203 |
| 未减值样本量 | 354 | 434 | 487 | 533 | 647 | 793 | 3 248 |
| 减值样本所占比例 | 9.32% | 11.75% | 10.06% | 5.82% | 3.09% | 2.40% | 6.25% |

| 行业名称 | 行业代码 | 减值样本量 | 未减值样本量 | 减值样本所占比例 |
|---|---|---|---|---|
| Panel B：行业分布 | | | | |
| 农、林、牧、渔业 | A | 9 | 71 | 12.68% |
| 采矿业 | B | 8 | 97 | 8.25% |
| 制造业 | C | 116 | 1 836 | 6.32% |
| 电力、热力、燃气及水生产和供应业 | D | 11 | 152 | 7.24% |
| 建筑业 | E | 10 | 87 | 11.49% |
| 批发和零售业 | F | 13 | 274 | 4.74% |
| 交通运输、仓储和邮政业 | G | 4 | 106 | 3.77% |
| 住宿和餐饮业 | H | 0 | 19 | 0 |
| 信息传输、软件和信息技术服务业 | I | 9 | 199 | 4.52% |
| 房地产业 | K | 6 | 198 | 3.03% |
| 租赁和商务服务业 | L | 4 | 58 | 6.90% |
| 科学研究和技术服务业 | M | 0 | 5 | 0 |
| 水利、环境和公共设施管理业 | N | 2 | 20 | 10.00% |
| 居民服务、修理和其他服务业 | O | 0 | 11 | 0 |
| 卫生和社会工作 | Q | 3 | 9 | 33.33% |
| 文化、体育和娱乐业 | R | 1 | 26 | 3.85% |
| 综合 | S | 7 | 80 | 8.75% |

表2为样本的描述性统计结果。由表2的Panel A可知，变量F_CF的均值（中位数）为0.053 4（0.036 1），表明未来三年的现金流量均值占年初股权市值的5%左右；变量CF为当年的现金流量占年初股权市值的比例，均值为0.045 2，中位数为0.030 5，其取值略小于变量F_CF。变量GWIMP表示企业的商誉减值情况，其均值为0.000 1，最大值为0.004 7，表明商誉减值金额相对股票市值金额较小。变量AR、INV、AP及DEPR的均值均大于其

中位数，而变量OTHER的均值小于其中位数。

表2 样本的描述性统计

Panel A：描述性统计

| 变量 | 均值 | 标准差 | 最小值 | 中位数 | 最大值 |
| --- | --- | --- | --- | --- | --- |
| F_CF | 0.053 4 | 0.121 2 | −0.357 3 | 0.036 1 | 0.561 4 |
| GWIMP | 0.000 1 | 0.000 6 | 0 | 0 | 0.004 7 |
| CF | 0.045 2 | 0.101 5 | −0.273 2 | 0.030 5 | 0.457 3 |
| AR | 0.007 9 | 0.041 6 | −0.156 5 | 0.002 7 | 0.175 0 |
| INV | 0.034 9 | 0.105 3 | −0.169 3 | 0.008 0 | 0.631 6 |
| AP | 0.016 3 | 0.048 6 | −0.112 5 | 0.005 6 | 0.260 2 |
| DEPR | 0.025 1 | 0.030 1 | 0.000 5 | 0.014 7 | 0.168 8 |
| OTHER | −0.012 8 | 0.107 9 | −0.562 9 | −0.001 8 | 0.290 5 |

Panel B：Pearson 相关系数

| 变量 | F_CF | GWIMP | CF | AR | INV | AP | DEPR |
| --- | --- | --- | --- | --- | --- | --- | --- |
| F_CF | 1 | | | | | | |
| GWIMP | −0.025 2 | 1 | | | | | |
| CF | 0.438 5*** | 0.052 4*** | 1 | | | | |
| AR | 0.020 4 | −0.058 5*** | −0.068 6*** | 1 | | | |
| INV | −0.156 5*** | 0.021 1 | −0.154 5*** | 0.112 8*** | 1 | | |
| AP | 0.068 9*** | −0 | 0.170 1*** | 0.350 8*** | 0.388 5*** | 1 | |
| DEPR | 0.545 1*** | 0.044 6** | 0.488 6*** | 0.014 4 | −0.000 5 | 0.176 6*** | 1 |
| OTHER | −0.004 1 | −0.050 1*** | −0.339 0*** | −0.188 0*** | −0.574 3*** | −0.091 5*** | −0.052 5*** |

**、***分别表示显著性水平为0.05、0.01

由表2的Panel B可知，变量F_CF与变量CF之间的相关系数为0.438 5，表明不同时期现金流之间存在时序上的显著相关关系。变量F_CF与变量GWIMP之间的Pearson相关系数为−0.025 2，符号方向与预期相一致，但该相关系数不具有统计学上的显著性，还有待后文更进一步的分析。变量F_CF与应计组成部分变量AR、变量AP及变量DEPR存在正相关关系，与预期结果相一致。自变量CF与不同应计组成部分的变量均显著相关，与预期一致。

变量GWIMP与其他解释变量之间的相关系数均较小，表明不同解释变量之间存在多重共线性问题的可能性较低。同时注意到，变量DEPR与当期的现金流变量CF及未来的现金流变量F_CF之间的Pearson相关系数分别为0.488 6和0.545 1 [Barth等（2001b）中折旧与当期现金流的相关系数为0.32]；变量AP与变量AR、变量INV之间的Pearson相关系数分别为0.350 8和0.388 5 [Barth等（2001）中对应系数为0.40和0.30]；变量OTHER与变量INV之间的Pearson相关系数为−0.574 3 [Jarva（2009）中对应的系数为−0.39]。虽然本文个别变量之间的相关系数较大，但在已有的文献中也发现了同样现象，表明该相关关系并不会对结论产生严重影响。除此以外，其他变量之间的相关系数均较低。

## 五、实 证 结 果

### （一）主要回归结果

表3为模型（1）的回归结果。其中，回归（2）、回归（3）及回归（4）为在模型（1）的基础上控制了年度、行业，以及同时控制年度与行业的回归结果。由表3的回归（1）可知，主要解释变量GWIMP与被解释变量F_CF之间的回归系数为-9.952 5，且在0.01水平上显著，表明商誉减值与未来的现金流呈显著负相关关系，即随着商誉减值金额的增加，未来的现金流会大幅下降，与商誉减值预测作用的方向一致，支持研究假设1a。在回归（2）、回归（3）及回归（4）中，变量GWIMP的回归系数依然显著为负值，表明在控制了行业及年度效应后，该结果依然稳健，研究结论受到行业效应及年度效应的影响较小。表3中，变量CF的回归系数显著为正值，表明不同时期的现金流之间具有较强的相关关系；变量AR及变量DEPR的回归系数也显著为正值，表明当期的应收项目越多、当期的折旧摊销越大，未来的现金流越充裕。变量INV在回归（1）、回归（2）与回归（4）中的符号方向也与预期一致，但不具有统计学上的显著性水平。变量AP在回归（1）~回归（4）中的回归系数为负值，但仅在回归（4）中在0.1水平上显著，表明当期的应付项目越多，未来的现金流越少，这与预期相一致。

**表3 商誉减值与未来现金流间关系**

| 变量 | （1）F_CF | （2）F_CF | （3）F_CF | （4）F_CF |
|---|---|---|---|---|
| GWIMP | -9.952 5*** | -9.106 1** | -9.754 9*** | -9.187 1*** |
|  | (-2.70) | (-2.48) | (-2.79) | (-2.62) |
| CF | 0.308 2*** | 0.314 6*** | 0.307 4*** | 0.310 5*** |
|  | (5.99) | (6.08) | (6.12) | (6.12) |
| AR | 0.190 7*** | 0.215 3*** | 0.158 8** | 0.182 5** |
|  | (2.60) | (2.88) | (2.17) | (2.46) |
| INV | -0.071 6 | -0.074 9 | 0.002 1 | -0.004 1 |
|  | (-1.16) | (-1.20) | (0.03) | (-0.07) |
| AP | -0.107 4 | -0.112 1 | -0.138 5 | -0.141 8* |
|  | (-1.24) | (-1.30) | (-1.62) | (-1.67) |
| DEPR | 1.741 5*** | 1.754 3*** | 1.551 7*** | 1.560 7*** |
|  | (12.83) | (12.79) | (11.62) | (11.45) |
| OTHER | 0.085 7* | 0.077 9 | 0.099 4** | 0.090 7* |
|  | (1.83) | (1.63) | (2.12) | (1.90) |

续表

| 变量 | （1）F_CF | （2）F_CF | （3）F_CF | （4）F_CF |
| --- | --- | --- | --- | --- |
| 截距项 | 0.000 6 | 0.008 4 | -0.018 6 | -0.009 5 |
|  | （0.21） | （1.16） | （-1.34） | （-0.61） |
| 行业 | 未控制 | 未控制 | 控制 | 控制 |
| 年度 | 未控制 | 控制 | 未控制 | 控制 |
| N | 3 248 | 3 248 | 3 248 | 3 248 |

\*、\*\*、\*\*\*分别表示显著性水平为 0.1、0.05、0.01；括号内的数字为经过公司层面聚类调整的 $t$ 值

### （二）敏感性分析

考虑到不同企业在估算可回收金额时会采用不同的折现期间，仅使用未来三期的现金流均值作为未来现金流的替代，可能存在计量上的偏差，故本文同时汇报了商誉减值对未来一期现金流量（F_CF1）、未来两期现金流量均值（F_CF2）、未来四期现金流量均值（F_CF4），以及未来五期现金流量均值（F_CF5）[1]的预测能力，具体见表4。由表4回归（1）可知，商誉减值变量GWIMP的回归系数为-4.265 6，但不显著。该结果表明，商誉减值并不能预测未来一期的现金流状况，并未发现Barth等（2001b）及Jarva（2009）等发现的相关关系。这可能是因为企业高管在商誉减值后采取了一些措施来应对其面临的困境（Dechow and Ge 2006），在短期内起到了一定的效果，减缓了企业未来现金流的恶化趋势。这还可能是企业高管提前计提了商誉减值准备，导致商誉减值准备的计提与未来现金流之间的关系降低[2]。表4回归（2）及回归（3）中变量GWIMP的回归系数均显著为负值，且均在0.05的水平上显著，说明商誉减值对未来两期及四期的现金流量也有一定的预测能力，支持商誉减值具有预测能力的假说。回归（4）中变量GWIMP的回归系数虽然为负值，但是并不显著，说明商誉减值对于未来五期的现金流量不具有预测能力。该发现与《企业会计准则第8号——资产减值》只要求企业做5年内的现金流量预测具有一致性。

**表4 商誉减值与不同期间的未来现金流之间的关系**

| 变量 | （1）F_CF1 | （2）F_CF2 | （3）F_CF4 | （4）F_CF5 |
| --- | --- | --- | --- | --- |
| GWIMP | -4.265 6 | -9.444 9\*\* | -9.313 0\*\* | -6.304 8 |
|  | （-1.18） | （-2.44） | （-2.52） | （-1.50） |

---

[1]《企业会计准则第8号——资产减值》认为"建立在预算或者预测基础上的预计现金流量最多涵盖5年，企业管理层如能证明更长的期间是合理的，可以涵盖更长的期间"，更长期间的现金流量预测可能不可靠或者成本较高。

[2] 当然，这种不显著也可能是变量误差或模型设定偏误所致。本文在内生性讨论中进行了具体分析，控制了可能的计量误差后，研究结论并不发生改变。

续表

| 变量 | （1）<br>F_CF1 | （2）<br>F_CF2 | （3）<br>F_CF4 | （4）<br>F_CF5 |
|---|---|---|---|---|
| CF | 0.300 1$^{***}$ | 0.274 8$^{***}$ | 0.349 4$^{***}$ | 0.347 8$^{***}$ |
|  | （5.45） | （5.24） | （6.09） | （5.87） |
| AR | 0.101 6 | 0.070 7 | 0.208 7$^{**}$ | 0.182 5$^{**}$ |
|  | （1.09） | （0.75） | （2.57） | （2.06） |
| INV | -0.040 7 | -0.001 5 | 0.032 3 | 0.068 7 |
|  | （-0.68） | （-0.03） | （0.46） | （0.91） |
| AP | -0.162 5 | -0.166 5$^{*}$ | -0.143 9 | -0.106 6 |
|  | （-1.58） | （-1.75） | （-1.58） | （-1.14） |
| DEPR | 1.440 6$^{***}$ | 1.544 9$^{***}$ | 1.729 1$^{***}$ | 1.910 3$^{***}$ |
|  | （11.55） | （13.22） | （11.19） | （11.35） |
| OTHER | 0.075 2 | 0.094 1$^{*}$ | 0.105 8$^{*}$ | 0.157 6$^{***}$ |
|  | （1.32） | （1.89） | （1.92） | （2.75） |
| 截距项 | 0.002 0 | 0.023 5 | -0.019 2 | -0.016 8 |
|  | （0.15） | （1.41） | （-1.30） | （-1.10） |
| 行业 | 控制 | 控制 | 控制 | 控制 |
| 年度 | 控制 | 控制 | 控制 | 控制 |
| N | 3 261 | 3 254 | 3 243 | 3 240 |

*、**、***分别表示显著性水平为 0.1、0.05、0.01；括号内的数字为经过公司层面聚类调整的 $t$ 值

本文的主回归采用的样本是所有期初商誉资产账面价值不为0的样本，这种样本筛选思路可以保证所选择的样本均发生过非同一控制下企业合并活动，样本企业之间具有可比性，减少企业间差异对研究结论的影响。但是，这种样本筛选思路也有一定的弊端，可能会导致所选择的商誉减值样本呈现左偏的分布特征（因为部分企业可能在样本期间一直未计提商誉减值准备），影响到计量结果的准确性。针对以上问题，本文采用两种方法进行补充检验。第一，将样本范围限定为当期计提的商誉减值准备金额不为0的样本，若研究假设成立，则可以合理推测企业计提的商誉减值准备越大，企业的未来现金流越小。第二，将变量GWIMP替换为虚拟变量GWIMP_D，若研究假设成立，则可以推测与未计提商誉减值准备组相比，计提商誉减值准备组的未来现金流更小。基于以上两种方法对模型（1）进行重新检验，结果见表5。由表5可知，在商誉减值组的回归（1）中，变量GWIMP的回归系数显著为负值，表明本文的研究结论依然稳健；在全样本组的回归（2）中，变量GWIMP_D的回归系数也显著为负值，且在0.1水平上显著，已有的研究结论未发生改变。其他变量的回归结果基本与预期相一致，不予赘述。

**表5　不同样本下的模型（1）结果**

| 变量 | 剔除未计提减值样本<br>（1）<br>F_CF | 全样本<br>（2）<br>F_CF |
| --- | --- | --- |
| GWIMP | −8.486 0* | |
| | (−1.84) | |
| GWIMP_D | | −0.014 4* |
| | | (−1.70) |
| CF | 0.387 0*** | 0.311 1*** |
| | (2.99) | (6.13) |
| AR | 0.153 7 | 0.188 5** |
| | (0.44) | (2.54) |
| INV | 0.097 9 | −0.002 9 |
| | (0.58) | (−0.05) |
| AP | −0.415 1 | −0.141 2* |
| | (−1.25) | (−1.67) |
| DEPR | 1.805 2*** | 1.554 1*** |
| | (3.13) | (11.38) |
| OTHER | 0.200 3 | 0.093 2* |
| | (1.47) | (1.94) |
| 截距项 | −0.026 0 | −0.009 1 |
| | (−0.46) | (−0.59) |
| 行业 | 控制 | 控制 |
| 年度 | 控制 | 控制 |
| N | 203 | 3 248 |

*、**、***分别表示显著性水平为0.1、0.05、0.01；括号内的数字为经过公司层面聚类调整的 t 值

　　从理论上看，商誉高估可能会导致企业计提商誉减值准备（Gu and Lev 2011），而高估的商誉本身并没有对应的现金流流入，因此，此时商誉减值损失与未来现金流之间的关系可能会受商誉高估的影响而下降。为控制该情况对估计结果的影响，本文依据商誉资产占总资产的比重对样本进行分类，分别研究不同情况下两者之间的关系，具体见表6。由表6可知，随着商誉资产占总资产的比重的提高，变量GWIMP的回归系数由−7.678 3下降到−1.139 0，表明两者之间关系确实随着商誉高估程度的提高而下降。重要的是，表6中回归（1）~回归（3）中变量GWIMP的回归系数至少在0.1水平上显著，表明两者之间的关系在不同的商誉高估程度下均显著存在。这可能是因为本文的样本期间为2007~2012年，此时的溢价并购还较少，商誉高估情况较为少见，所以商誉减值与未来现金流之间的关系依然明显。

**表6 不同商誉规模下的模型（1）结果**

| 变量 | 商誉/资产>0.01<br>（1）<br>F_CF | 商誉/资产>0.05<br>（2）<br>F_CF | 商誉/资产>0.10<br>（3）<br>F_CF |
| --- | --- | --- | --- |
| GWIMP | −7.678 3** | −2.572 7* | −1.139 0** |
|  | (−2.18) | (−1.77) | (−2.39) |
| CF | 0.384 2*** | 0.625 8* | 0.275 1 |
|  | (3.44) | (1.93) | (0.92) |
| AR | 0.191 4 | 0.301 0 | 0.195 2 |
|  | (1.34) | (0.86) | (0.52) |
| INV | 0.182 6 | 0.509 6* | −0.558 9 |
|  | (1.05) | (1.66) | (−0.67) |
| AP | −0.060 3 | −0.376 8 | 0.150 8 |
|  | (−0.31) | (−0.99) | (0.27) |
| DEPR | 1.489 1*** | 1.306 2 | 2.569 0* |
|  | (5.60) | (1.66) | (1.90) |
| OTHER | 0.092 0 | 0.376 5 | 0.675 5** |
|  | (0.86) | (1.18) | (2.21) |
| 截距项 | −0.061 2 | −0.051 7 | 0.004 7 |
|  | (−1.49) | (−1.21) | (0.16) |
| 行业 | 控制 | 控制 | 控制 |
| 年度 | 控制 | 控制 | 控制 |
| N | 851 | 202 | 77 |

*、**、***分别表示显著性水平为 0.1、0.05、0.01；括号内的数字为经过公司层面聚类调整的 t 值

## （三）内生性问题

根据企业会计准则有关计提商誉减值准备的规定，当企业出现商誉减值迹象时，企业需要进行商誉减值测试以确定是否需要计提商誉减值准备。如果出现负面经济事件这类资产减值迹象，其既可能导致企业计提商誉减值准备，也可能导致企业未来现金流下滑，故商誉减值与未来现金流之间的关系可能存在内生性问题。本文参考Jarva（2009）的办法，从商誉减值中分离出负面经济事件导致的商誉减值，具体见模型（2）。

$$\text{GWIMP}_{i,t} = \alpha_1 \Delta \text{CF}_{i,t} + \alpha_2 R_{i,t} + \alpha_3 \text{DR}_{i,t} \times R_{i,t} + \alpha_4 R_{i,t-1} + \alpha_5 \text{DR}_{i,t-1} \times R_{i,t-1} + \varepsilon_{i,t} \quad (2)$$

其中，$\Delta \text{CF}_{i,t}$为当期现金流与上期现金流之差；$R_{i,t}$为企业当年股票的收益率；$\text{DR}_{i,t}$为虚拟变量，当企业当年的股票收益率小于0时，取值为1，否则取值为0；$R_{i,t-1}$为企业上年度的股票收益率；$\text{DR}_{i,t-1}$为虚拟变量，当企业上年度的股票收益率小于0时，取值为1，否则取值为0。

本文用未来现金流对模型（2）中的残差项（剩余的商誉减值，即变量RES_GWIMP）进行回归，以缓解其中可能存在的内生性问题，具体结果见表7。由表7中第一阶段的回归（1）可知，$\text{DR}_{i,t} \times R_{i,t}$ 和 $\text{DR}_{i,t-1} \times R_{i,t-1}$ 的回归系数均显著为负值，表明企业可能并未完

全遵守企业会计准则的相关要求在出现资产减值迹象时计提商誉减值准备。由表7第二阶段的回归（2）~回归（4）可知，变量RES_GWIMP的回归系数均显著为负值，表明在控制内生性问题后，商誉减值与未来现金流之间依然呈显著负相关关系，商誉减值对未来现金流具有预测作用，与假设预期一致。

表7 两阶段的回归结果

| 变量 | 第一阶段 (1) GWIMP | 变量 | 第二阶段 (2) F_CF | (3) F_CF | (4) F_CF |
|---|---|---|---|---|---|
| $\Delta CF_{i,t}$ | 0.000 2 (1.12) | RES_GWIMP | −6.822 1* (−1.86) | −6.889 1* (−1.95) | −7.483 7** (−2.12) |
| $R_{i,t}$ | 0.000 1*** (4.09) | CF | 0.309 9*** (5.86) | 0.300 0*** (5.85) | 0.305 2*** (5.89) |
| $DR_{i,t} \times R_{i,t}$ | −0.000 3** (−2.20) | AR | 0.196 1*** (2.64) | 0.140 5* (1.93) | 0.166 4** (2.24) |
| $R_{i,t-1}$ | 0.000 0 (0.22) | INV | −0.071 8 (−1.13) | 0.002 5 (0.04) | −0.003 6 (−0.06) |
| $DR_{i,t-1} \times R_{i,t-1}$ | −0.000 4*** (−3.20) | AP | −0.110 5 (−1.28) | −0.135 2 (−1.56) | −0.138 4 (−1.61) |
| N | 3 055 | DEPR | 1.801 9*** (12.71) | 1.585 3*** (11.45) | 1.604 4*** (11.38) |
|  |  | OTHER | 0.080 8* (1.68) | 0.102 4** (2.17) | 0.092 8* (1.93) |
|  |  | 截距项 | 0.006 6 (0.83) | −0.015 8 (−1.16) | −0.005 9 (−0.38) |
|  |  | 行业 | 未控制 | 控制 | 控制 |
|  |  | 年度 | 控制 | 未控制 | 控制 |
|  |  | N | 3 036 | 3 036 | 3 036 |

*、**、***分别表示显著性水平为0.1、0.05、0.01；括号内的数字为经过公司层面聚类调整的 $t$ 值

未来期间的现金流不仅受到本期现金流项目和各应计项目的影响，还会受到未来期间各类事件的影响，因此，应该在模型（1）中控制未来期间可能发生的各类事件的影响，以准确度量商誉减值与未来现金流之间的关系。本文参考Jarva（2009）的研究，在模型（1）的基础上增加企业未来第一年、未来第两年及未来第三年的年度股票收益率变量R1、R2和R3，以此代表当年经济事件的好与坏，结果如表8所示。表8中主要变量的回归结果与表3中的结果基本保持一致，说明本文的研究结论在控制了年度股票收益率后，研究结论基本保持不变。新增加的变量R1、变量R2和变量R3的回归系数均显著为正值，且至少在0.05水平上显著，表明股票收益率与未来现金流之间表现出较强的正相关关系，说明股票收益率确实反映了未来现金流状况的变化，作为控制变量具有一定的合理性。

表8 控制未来现金流的模型（1）结果

| 变量 | （1）F_CF | （2）F_CF | （3）F_CF | （4）F_CF |
| --- | --- | --- | --- | --- |
| GWIMP | -8.716 8** | -8.316 7** | -8.565 4** | -8.478 8** |
|  | (-2.40) | (-2.30) | (-2.48) | (-2.44) |
| CF | 0.320 6*** | 0.326 1*** | 0.317 4*** | 0.319 7*** |
|  | (6.19) | (6.27) | (6.29) | (6.30) |
| AR | 0.203 3*** | 0.210 5*** | 0.170 7** | 0.179 0** |
|  | (2.75) | (2.79) | (2.33) | (2.39) |
| INV | -0.057 8 | -0.060 5 | 0.011 2 | 0.004 7 |
|  | (-0.92) | (-0.95) | (0.18) | (0.07) |
| AP | -0.115 1 | -0.118 5 | -0.144 0* | -0.147 0* |
|  | (-1.34) | (-1.37) | (-1.70) | (-1.73) |
| DEPR | 1.771 7*** | 1.804 7*** | 1.579 8*** | 1.606 6*** |
|  | (13.05) | (13.22) | (11.82) | (11.87) |
| OTHER | 0.100 9** | 0.094 0* | 0.112 1** | 0.104 4** |
|  | (2.09) | (1.92) | (2.34) | (2.15) |
| $R1$ | 0.009 9*** | 0.024 4*** | 0.009 2*** | 0.023 5*** |
|  | (3.67) | (4.59) | (3.45) | (4.37) |
| $R2$ | 0.013 6*** | 0.016 1*** | 0.012 9*** | 0.016 4*** |
|  | (4.06) | (3.46) | (3.89) | (3.52) |
| $R3$ | 0.008 1** | 0.008 6** | 0.008 0** | 0.009 3** |
|  | (2.29) | (2.12) | (2.26) | (2.27) |
| 截距项 | -0.008 5** | -0.003 3 | -0.025 7* | -0.018 8 |
|  | (-2.41) | (-0.37) | (-1.85) | (-1.17) |
| 行业 | 未控制 | 未控制 | 控制 | 控制 |
| 年度 | 未控制 | 控制 | 未控制 | 控制 |
| $N$ | 3 239 | 3 239 | 3 239 | 3 239 |

*、**、***分别表示显著性水平为 0.1、0.05、0.01；括号内的数字为经过公司层面聚类调整的 $t$ 值

（四）进一步分析

经过上述检验，基本可以认为中国情境下商誉减值会计信息基本具有相关性，能够起到预测未来现金流的作用。那么，是否可以认为商誉减值完全没有受到企业盈余管理的影响呢？本部分的进一步研究将从两个方面对该问题进行研究：第一，不同企业利用商誉减值进行盈余管理的能力存在显著差异，故可以合理预期在企业盈余管理能力越大的样本中，商誉减值会计信息的相关性将越低；第二，不同企业利用商誉减值进行盈余管理的动机存在差异，故可以合理预期在有盈余管理管理动机的样本中，商誉减值会计信息的相关性将更低。

已有研究多认为，企业的报告单元数量、不可验证资产数量等因素是制约企业利用商誉规则进行盈余管理的重要因素（Ramanna 2008，Bens et al. 2011）。由于无法获取企

业的实际报告单元数量数据,本文以企业的无形资产规模近似衡量不可验证资产数量。当企业的无形资产规模小于样本的中位数时,则认为该企业的盈余管理能力较小,具体回归结果见表9的回归(1)和回归(2)。虽然企业的盈余管理动机较多,但从商誉减值的角度看,企业可能主要利用该规则进行大洗澡或盈余平滑(Riedl 2004)。本文参考Riedl(2004)的思路分别计算大洗澡变量和盈余平滑变量,若样本企业当年扣除商誉减值后的总资产收益率小于所有该值小于0样本的中位数,则该样本归入有大洗澡动机组,否则归入无大洗澡动机组;若样本企业当年扣除商誉减值后的总资产收益率大于所有该值大于0样本的中位数,则该样本归入有盈余平滑动机组,否则归入无盈余平滑动机组,具体回归结果见表9的回归(3)~回归(6)。

表9 盈余管理、商誉减值和未来现金流

| 变量 | 盈余管理能力 |  | 盈余管理动机 |  |  |  |
|---|---|---|---|---|---|---|
|  | (1) 无形资产少组 F_CF | (2) 无形资产多组 F_CF | (3) 无大洗澡动机组 F_CF | (4) 有大洗澡动机组 F_CF | (5) 无盈余平滑动机组 F_CF | (6) 有盈余平滑动机组 F_CF |
| GWIMP | −11.607 8** | −2.407 6 | −9.254 6** | −6.075 7 | −8.888 7** | −8.734 0 |
|  | (−2.32) | (−0.55) | (−2.09) | (−1.23) | (−2.04) | (−1.54) |
| CF | 0.113 2 | 0.496 2*** | 0.300 0*** | 0.322 4*** | 0.319 5*** | 0.291 7*** |
|  | (1.50) | (7.62) | (4.58) | (3.87) | (5.74) | (3.25) |
| AR | 0.110 6 | 0.234 5** | 0.140 2 | 0.420 3*** | 0.186 7** | 0.164 6 |
|  | (1.16) | (2.23) | (1.58) | (2.92) | (2.19) | (1.16) |
| INV | −0.069 3 | 0.049 4 | −0.015 2 | 0.095 8 | 0.023 1 | −0.053 3 |
|  | (−0.75) | (0.62) | (−0.20) | (0.74) | (0.39) | (−0.48) |
| AP | −0.157 4 | −0.169 4 | −0.119 6 | −0.146 4 | −0.118 0 | −0.152 6 |
|  | (−1.28) | (−1.53) | (−1.17) | (−0.95) | (−1.36) | (−0.92) |
| DEPR | 1.502 3*** | 1.355 7*** | 1.597 0*** | 1.319 1*** | 1.580 2*** | 1.491 5*** |
|  | (5.70) | (8.25) | (9.69) | (5.97) | (10.34) | (6.78) |
| OTHER | 0.030 9 | 0.140 0** | 0.085 1 | 0.044 2 | 0.061 7 | 0.128 6 |
|  | (0.44) | (2.24) | (1.36) | (0.51) | (1.14) | (1.52) |
| 截距项 | 0.005 3 | −0.023 9 | 0.000 5 | −0.057 7* | −0.018 6 | 0.021 5 |
|  | (0.35) | (−0.85) | (0.03) | (−1.72) | (−0.98) | (1.05) |
| 行业 | 控制 | 控制 | 控制 | 控制 | 控制 | 控制 |
| 年度 | 控制 | 控制 | 控制 | 控制 | 控制 | 控制 |
| N | 1 624 | 1 624 | 2 618 | 630 | 2 254 | 994 |

*、**、***分别表示显著性水平为0.1、0.05、0.01;括号内的数字为经过公司层面聚类调整的t值

由表9的回归(1)、回归(3)和回归(5)可知,商誉减值变量GWIMP的回归系数均显著为负值,而变量GWIMP的回归系数在回归(2)、回归(4)和回归(6)中并不显著,该结果与前文的预期基本一致,说明商誉减值对未来现金流的预测受到企业盈余管理能力和盈余管理动机的影响。综上所述,商誉减值会计规则为企业的盈余管理提供了可能,这种可能会降低商誉减值会计信息的相关性。

## 六、研究结论

本文使用商誉减值对未来现金流的预测能力模型对商誉减值的相关性问题进行了研究。本文的实证研究结果显示，商誉减值金额与企业未来现金流呈显著负相关关系。该实证结果说明，虽然商誉减值的测试程序及相关盈余管理动机均会对商誉减值结果的相关性产生影响，但是在中国资本市场中，商誉减值基本能够提供与未来现金流相关的会计信息，商誉减值会计信息具有相关性的特征。本文的进一步研究还显示，这种商誉减值与未来现金流之间的相关性受到企业盈余管理能力及盈余管理动机的影响，在无形资产规模更小的样本，以及不具有大洗澡动机和不具有盈余平滑动机的样本中，以上结果更为稳健。该结果表明，商誉减值对未来现金流的预测能力因具体的环境而产生变化，商誉减值会计信息在不同情况下的相关性差异较大。

本文的研究结果对于使用商誉会计信息的不同利益主体具有一定的启发意义。对于会计准则制定者而言，商誉减值信息具有的相关性质量特征与其所要达成的决策有用性目标相一致，故可以进一步推动商誉减值法在相关会计准则中的应用。但也应该注意到，商誉减值信息的相关性受到企业盈余管理的影响，因此在推动商誉减值法的应用过程中需要考虑特殊行业和特殊商业模式等的影响，以提高会计信息的有效供给，并进一步提高会计信息的相关性。对于企业财务工作者而言，商誉减值信息的相关性特征仅体现其对未来两年、三年及四年的现金流预测能力上，因此还应进一步提高商誉减值信息的相关性，提供更加决策有用的会计信息，从而改善财务报告的质量。

财务会计信息质量特征的相关性不仅仅体现在其预测价值方面，还体现在其证实价值方面，因此，本文的研究结论受到研究范围的限制，还需要针对商誉减值信息的证实价值进行研究，以全面地衡量商誉减值信息的相关性。同时，商誉减值信息虽然具有相关性，但是减值测试是否是最优的外购商誉资产后续计量办法还有待进一步讨论。特别是，在2013年以来的并购浪潮下，这种会计处理带来的负面影响越发严重，需要未来的研究对此问题进行深入探讨。

## 参 考 文 献

卢煜，曲晓辉. 2016. 商誉减值与高管薪酬——来自中国A股市场的经验证据. 当代会计评论，9（1）：70-88.

曲晓辉，卢煜，张瑞丽. 2017. 商誉减值的价值相关性——基于中国A股市场的经验证据. 经济与管理研究，38（3）：122-132.

任世驰，冯丽颖. 2016. 会计信息基本质量特征：基于信息经济学的解读——对 IASB《财务报告概念框架（征求意见稿）》的一个回应. 会计研究，（10）：9-17.

王守海，孙文刚，李云. 2012. 非活跃市场环境下公允价值计量的国际经验与研究启示. 会计研究，（12）：12-18.

支晓强，童盼. 2010. 公允价值计量的逻辑基础和价值基础. 会计研究，（1）：21-27.

Barth M E, Beaver W H, Landsman W R. 2001a. The relevance of the value relevance literature for financial accounting standard setting: another view. Journal of Accounting and Economics, 31 (1~3): 77-104.

Barth M E, Cram D P, Nelson K K. 2001b. Accruals and the prediction of future cash flows. The Accounting Review, 76 (1): 27-58.

Beatty A, Weber J. 2006. Accounting discretion in fair value estimates: an examination of SFAS 142 goodwill impairments. Journal of Accounting Research, 44 (2): 257-288.

Bens D A, Heltzer W, Segal B. 2011. The information content of goodwill impairments and SFAS142. Journal of Accounting, Auditing & Finance, 26 (3): 527-555.

Bostwick E D, Krieger K, Lambert S L. 2016. Relevance of goodwill impairments to cash flow prediction and forecasting. Journal of Accounting, Auditing & Finance, 31 (3): 339-364.

Dahmash F N, Durand R B, Watson J. 2009. The value relevance and reliability of reported goodwill and identifiable intangible assets. The British Accounting Review, 41 (2): 120-137.

Dechow P M, Ge W. 2006. The persistence of earnings and cash flows and the role of special items: implications for the accrual anomaly. Review of Accounting Studies, 11 (2): 253-296.

Glaum M, Schmidt P, Street D L, et al. 2013. Compliance with IFRS 3-and IAS 36-required disclosures across 17 European countries: company-and country-level determinants. Accounting and Business Research, 43 (3): 163-204.

Gu F, Lev B. 2011. Overpriced shares, ill-advised acquisitions, and goodwill impairment. The Accounting Review, 86 (6): 1995-2022.

Hamberg M, Beisland L. 2014. Changes in the value relevance of goodwill accounting following the adoption of IFRS3. Journal of International Accounting, Auditing and Taxation, 23 (2): 59-73.

Hirschey M, Richardson V J. 2002. Information content of accounting goodwill numbers. Journal of Accounting and Public Policy, 21 (3): 173-191.

Holthausen R W, Watts R L. 2001. The relevance of the value-relevance literature for financial accounting standard setting. Journal of Accounting and Economics, 31 (1~3): 3-75.

Huikku J, Mouritsen J, Silvola H. 2017. Relative reliability and the recognizable firm: calculating goodwill impairment value. Accounting Organizations & Society, 56 (1): 8-83.

Jarva H. 2009. Do firms manage fair value estimates? An examination of SFAS 142 goodwill impairments. Journal of Business Finance & Accounting, 36 (9~10): 1059-1086.

Knauer T, Wöhrmann A. 2015. Market reaction to goodwill impairments. European Accounting Review, 3 (25): 1-29.

Lapointe-Antunes P, Cormier D, Magnan M. 2009. Value relevance and timeliness of transitional goodwill-impairment losses: evidence from Canada. The International Journal of Accounting, 44 (1): 56-78.

Lee C. 2011. The effect of SFAS 142 on the ability of goodwill to predict future cash flows. Journal of Accounting and Public Policy, 30 (3): 236-255.

Li Z, Shroff P K, Venkataraman R, et al. 2011. Causes and consequences of goodwill impairment losses. Review of Accounting Studies, 16 (4): 745-778.

Ramanna K, Watts R L. 2012. Evidence on the use of unverifiable estimates in required goodwill impairment. Review of Accounting Studies, 17 (4): 749-780.

Ramanna K. 2008. The implications of unverifiable fair-value accounting: evidence from the political economy of goodwill accounting. Journal of Accounting and Economics, 45（2~3）: 253-281.
Riedl E J. 2004. An examination of long-lived asset impairments. The Accounting Review, 79（3）: 823-852.
Watts R L. 2003. Conservatism in accounting part I: explanations and implications. Accounting Horizons, 17（3）: 207-221.

# Goodwill Impairment and Future Cash Flows

## Dongxu Zhang, Dejie Liang and Zejiang Zhou
### School of Business, Anhui University, Hefei, Anhui, China 230601

**Abstract**: It is hotly debated whether fair value accounting can improve the usefulness of accounting information in decision making. This paper provides additional evidence on the usefulness of fair value accounting by empirically testing the relation between goodwill impairment and future cash flows. We find that goodwill impairment is negatively related to future cash flows. This relation is robust to a series of additional tests. We further show that the negative relation between goodwill impairment and future cash flows is more pronounced in the sample of firms that have low intangible assets values, and in the sample of firms that do not appear to have motives to engage in big baths or earnings surplus smoothing. Our results may help to improve or further revise the rules related to asset impairment.

***Keywords***: goodwill impairment; relevance; predicting value; cash flow.

# 签字会计师注会考试经历与会计信息可比性*

郑琦

（长沙理工大学经济与管理学院，湖南 长沙 410076）

**【摘要】** 本文利用2008~2017年上市公司财务数据和签字注册会计师（以下简称签字会计师）信息，研究发现两家公司审核签字会计师（engagement auditor）通过注册会计师考试（简称注会考试）的时间越接近，两家公司会计信息可比性越高。并且，当两家公司的审核签字会计师均毕业于211高校、均是初次审计该公司时，注会考试经历的相似性对会计信息可比性的影响更强。而具有相似注会考试经历的审核签字会计师，在审计过程中做出的会计调整更加接近，从而提高所审计的两家公司的会计信息可比性。研究表明，注会考试经历是注册会计师重要的个人特征，并对审计质量产生影响。

**【关键词】** 注册会计师　注会考试　经历　可比性

# 一、引　言

注册会计师行业属于人力资本密集型行业。签字会计师负责制订审计计划、控制审计实施、决定审计意见并复核审计结果，可见审计质量在很大程度上取决于签字会计师这一直接执行审计活动的个人。然而，以往美国公司的年度报告中并不披露签字会计师姓名，因此长期以来针对美国资本市场审计质量的研究集中于会计师事务所层面（或者分所层面）。这蕴含的假设是签字会计师具有同质性，即不同签字会计师在价值观、察觉力、经验、能力和认知偏差等方面并无差异。这一假设显然与实际不符。大量研究表明，判断决策和审计结果受签字会计师个人特征（如年龄、性别、学历、专业和经历等）影响（Libby and Frederic 1990，Nelson and Tan 2005，Nelson 2009，Knechel et al. 2009，Francis

---

\* 郑琦，讲师，E-mail：ebertzheng@126.com。本文得到湖南省现代企业管理研究中心课题"审计师注会考试经历对会计信息可比性的影响研究"（18qgyb03）、湖南省教育厅科学研究项目"IPO首日涨幅设限的效果分析"（18B139）、长沙理工大学青年教师成长计划项目"会计信息可比性对IPO审核影响研究"（2019QJCZ096）的资助。

2011)。DeFond和Francis（2005）呼吁应从签字会计师个人层面开展审计质量研究。我国上市公司年度报告中披露签字会计师姓名，且中国注册会计师协会网站披露注册会计师个人信息（如性别、学历、出生日期、毕业院校、专业、通过注会考试的年份）。这为从个人层面研究审计质量影响因素提供了可能。近年来一些研究以中国注册会计师为研究对象，发现年龄、性别、学历、专业、政治关联、职位、从业经历、与客户高管的社会联系等对审计质量（审计收费）产生影响。

注册会计师审计是一种高度专业化的鉴证工作，这需要签字会计师具备坚实宽广的专业知识。参加注会考试是获取专业知识的重要方式，且通过注会考试是获取注册会计师资格的唯一途径。我国注会考试涉及专业知识面广、难度大，通过率一直较低。考生需要花费大量时间和精力理解和掌握教材知识，这也使得通过注会考试的签字会计师对当时教材内容有深刻印象和深入理解。每年注会考试内容都会根据最新的准则、解释、法律法规等做出调整，这可能使得在不同年份通过注会考试的签字会计师接受的知识有所差异，导致他们对相同或相似业务认识存在差异、做出不同审计调整进而得到不同的审计结果。可见，注会考试经历也是签字会计师重要个人特征之一，将影响个人的理念和行为。本文认为，当两位签字会计师注会考试经历相似时（通过全科注会考试的时间较近），他们接受的专业知识更为相似，这可能导致他们对相同的事项形成相同的理解判断并做出相似的审计调整，从而导致他们所审计的两家公司会计信息可比性更高。实证研究证实了这一假说。

本文可能的贡献如下。第一，本文扩展了个人特征对审计后果影响的研究。注会考试经历是个人特征之一，但签字会计师在不同年份通过注会考试对其个人特征究竟存在何种影响难以直接量化衡量。因此，现有文献较少关注注会考试经历对审计结果的影响。本文绕开对"不同考试经历的签字会计师是否不同"的直接检验，而是探析"相同考试经历的签字会计师是否相同"，即研究他们所审计公司的会计信息是否更加可比，从而证明注会考试经历对签字会计师行为与结果的影响，这是对现有签字会计师个人特征文献的补充，也扩展了针对会计信息可比性影响因素的研究。第二，现有文献发现，由同一会计师事务所或者同一签字会计师审计的公司会计信息可比性更高（Francis et al. 2014，Li et al. 2017a），但这些研究无法完全排除内生性问题。出于降低审计成本的考量，会计师事务所可能接受本来就更加可比的客户或者将本来就更加可比的客户分配给同一签字会计师审计。签字会计师的注会考试经历是外生的，并不由会计师事务所决定。本文选择同行业全部公司构成的公司对进行研究，避免了内生性影响，得到更加稳健的结论。

本文结构安排如下，第二部分评述相关研究，第三部分是假说发展，第四部分是研究设计与描述性统计分析，第五部分报告实证分析结果，第六部分是结论。

## 二、文 献 评 述

本文属于对会计信息可比性影响因素的研究。现有文献从宏观、中观和微观视角研究了可比性影响因素。从宏观视角而言，会计准则的国际趋同提高了可比性（Barth et al. 2012，Yip and Young 2012）。从中观视角而言，会计师事务所风格影响客户的会计信息可比性。Francis等（2014）认为会计师事务所有各自的发展历程和工作文化、运用统一的审计软件或信息系统、确定一致的工作标准流程、形成各自的内部规范和指南，故而有各自的审计风格。因此，由同一会计师事务所审计的公司会计信息可比性更高。他们发现同一"四大"会计师事务所审计的客户有更高的会计信息可比性，但同一非"四大"会计师事务所的客户会计信息可比性并不高于不同的非"四大"会计师事务所的客户，这可能的原因是"四大"会计师事务所更有力量形成统一的内部工作规范、开展人员培训和质量控制。针对我国会计师事务所的合并事件，曹强等（2016）、叶飞腾等（2017）、杨金凤等（2017）均发现合并能提高之前属于不同会计师事务所的客户的会计信息可比性。这也说明同一家会计师事务所审计的客户更加有会计信息可比性。从微观视角而言，签字会计师是主导审计活动的执行人，显然他们的异质性将使得同一签字会计师的客户会计信息可比性高于不同签字会计师的客户。Li等（2017a）以我国上市公司为样本，发现同一会计师事务所内同一签字会计师审计的两家公司较同一会计师事务所内不同签字会计师审计的两家公司有更高的会计信息可比性。这表明签字会计师会将其个人风格体现到客户的财务报告中。

本文在研究内容和方法方面与Li等（2017a）有一定的相似性，但存在以下差异。Li等（2017a）的样本是同一会计师事务所的客户两两形成的公司对（firm pair），他们发现同一会计师事务所内同一签字会计师审计的两家公司较同一会计师事务所内非同一签字会计师审计的两家公司会计信息可比性更高。然而会计师事务所很可能将原本会计信息可比性较高的公司分配给同一注册会计师审计，因为这可以节约审计成本和提高审计效率。陈玥和江轩宇（2017）认为行业等外部环境信息能成为签字会计师信息来源，当公司会计信息可比性较高时能形成信息溢出效应，降低审计工作量，提高审计效率。他们发现较高的会计信息可比性确实能减少审计工作量从而降低审计收费。因此，内生性可能影响Li等（2017a）的结论。注会考试经历是外生的，不受会计师事务所的影响。并且对同一家会计师事务所而言，没有理由认为会计师事务所会将两家本身会计信息可比性很高的客户分配给两位注会考试经历相似的注册会计师审计。而不同会计师事务所配置签字会计师是相互独立事件。本文研究能避免内生性影响。此外，Li等（2017a）研究的是同一签字会计师的客户之间的会计信息可比性与同一会计师事务所内不同签字会计师的客户之间的会计信息可比性是否有差异，只在同一会计师事务所内的公司之间构造公司对，样本量受到限制。本文在所有可能的公司之间构造公司对。这大大扩展了样本量，保证了结论的普适性。

## 三、假说发展

近年来从个人异质性角度研究经济人决策行为与后果的文献逐渐增加。相比先天特质（性别、年龄、种族），后天学习、工作、生活中得到的人生经历也将对个人察觉力、风险偏好、价值取向和道德水平等产生潜移默化的重要影响。从人生经历的视角研究能更全面地认识高管行为和公司之间的差异（Jensen and Zajac 2004）。工作经历是人生经历的重要组成部分，且由于数据易于获取，目前研究主要从高管工作经历角度展开。例如，Graham等（2013）发现有财务工作经历的高管对资本市场和资本运作更为熟悉。姜付秀和黄继承（2013）发现具有财务经历的CEO（chief executive officer，首席执行官）能优化公司资本结构。财务总监的审计经历能提高会计稳健性（邓川等 2017），能降低公司财务重述的可能性（王霞等 2011）。姜付秀等（2016）发现具有财务经历的董事会秘书（以下简称董秘）其公司盈余信息含量更高，董秘的财务经历有助于提升公司信息披露质量。Cho等（2017）发现聘任在高校任职的董事，企业的社会责任表现评级会更高。周楷唐等（2017）发现高管的学术经历能够降低公司盈余管理程度、提高会计稳健性进而降低债务融资成本。

　　考试经历也是重要的人生经历。改革开放以来，我国逐渐形成完整的升学考试、资格考试、职称考试等体系。考试成为个人向上提升的重要渠道，某几场重要的考试可能在很大程度上决定个人的未来发展。通过一次次的考试，个人专业知识、心理素质、思考与处理问题的能力得到锻炼和提升。考试经历塑造了个人特征进而影响个人行为。个人必须通过考试才能获得注册会计师资格，进而成为签字会计师。注册会计师资格是含金量相当高的一种职业资格，它意味着良好的职业前景、较高的收入和社会地位。然而，注会考试科目多、知识面广且细致、题目难度较大，需要考生付出较多的时间和精力研读教材及进行训练。备考过程中考生需要进行高强度的理解记忆和大量有针对性的习题训练，这强化了他们对于会计审计准则、财经法律法规、职业道德等的理解和掌握，使得考试内容在签字会计师脑海中留下深刻印象，也必然影响审计过程中的风险判断、审计方法选择、职业道德遵守等。通过签字会计师具体执行审计业务，注会考试内容将对财务报告产生影响。

　　我国自20世纪90年代初开始组织注会考试，且考试内容每年都进行更新。"会计"和"审计"科目会根据财政部新发布或修改的会计审计准则、解释指南等做出调整。"经济法"和"税法"科目会根据全国人大和各个部委颁布和修订的法律法规及部门规章等进行补充修订。"财务成本管理"和"战略管理"等科目也会吸收现实中出现的案例、得到普遍认可的新理念或者前沿研究成果。根据注会考试过程中学习的知识，签字会计师形成专业胜任能力开展审计活动。因此，注会考试经历影响签字会计师的行为。在不同年份通过考试的签字会计师有不同的注会考试经历，所接受的知识也存在差异。通过注会考试的年份越接近，表明两位签字会计师注会考试经历越相似。如果两位签字会计师有相似的注会考试经历，他们更可能有相似的知识结构和审计理念，那么面对相同或者相似经济业务时更可能形成相似判断、采用相似的审计方法、做出相似的审计调整，这能提高所审计的两家公司的会计信息可比性。相反，如果两位签字会计师通过注会考试时间相差较大，他们之间差异较大的知识结构使得对同一事项的看法存在更大差异，从而降低这两位签字会计师的客户的会计信息可比性。当然，签字会计师可以接受继续教育来学习最新的注会考试知识，但继续教育的效果可能不如预期。例如，Gul等（2013）利用我国数据发现在大学期间学习了西方会计知识的签字会计师所审计的客户会计信息更加稳健。这说明继续教育并没有缩短大学期间接受不同会计教育的签字会计师之间的知识差异。因此，考试经历相比继续教育对签字会计师的影响更大。本文用两位签字会计师通过注会考试的时间差异衡量其注会考试经历是否相似，差异越小表明他们的注会考试经历越相似。因此提出假说：两位签字会计师注会考试经历越相似，他们所审计的两家公司会计信息可比性越高。

## 四、研究设计与描述性统计

本文采用Francis等（2014）的方法计算两家公司之间的会计信息可比性，且要求这两家公司属于同一行业。将拥有相同三位行业代码的公司归为同行业公司。对于同一行业内的公司$i$和公司$j$，$Accr_{i,t}$和$Accr_{j,t}$分别为它们第$t$年度的应计利润；$DA_{i,t}$和$DA_{j,t}$分别为它们第$t$年度的可操纵应计利润（采用分行业、分年度Jones模型计算）。定义Comp_Accr=-Abs（$Accr_{i,t}$-$Accr_{j,t}$），定义Comp_DA=-Abs（$DA_{i,t}$-$DA_{j,t}$）（Abs表示取绝对值，以下皆同）。这两个指标数值越大说明公司$i$和公司$j$会计信息可比性越高。

本文主要解释变量为公司$i$和公司$j$的签字会计师通过注会考试时间的差。公司审计报告由复核签字会计师（review auditor）与审核签字会计师共同签字，后者一般主导现场审计，而前者主要对审计工作进行复核。两位签字会计师介入审计工作的程度不同，对审计质量的影响存在差异。因此有必要分别考察两家公司复核签字会计师和审核签字会计师注会考试经历的差异。本文沿用Lennox等（2014）、张龙平和潘临（2018）的方法进行区分，即审计报告上签名居前居上（居后居下）的为复核（审核）签字会计师。定义Diff_Exam_R（Diff_Exam_E）为两家公司复核签字会计师（审核签字会计师）通过注会考试年份的差异，数值越小表明两位签字会计师通过注会考试的年份越接近。

签字会计师通过注会考试时间与年龄有关。出生于不同年代的签字会计师，在大学阶段学习会计专业课程存在差异，可能影响他们审计的两家公司的会计信息可比性，因此有必要控制他们的年龄差异。定义Diff_Birth_R（Diff_Birth_E）为两家公司复核签字会计师（审核签字会计师）出生年份的差异。通过注会考试较早的签字会计师，工作经验更丰富。工作经验的差异可能影响两位签字会计师所审计公司的会计信息可比性。用截至上一年度该签字会计师累计审计的公司数量衡量其工作经验。定义Diff_Exp_R（Diff_Exp_E）为两家公司复核签字会计师（审核签字会计师）工作经验的差异。除上述变量外，本文还采纳Francis等（2014）使用的控制变量。检验假说的回归方程为式（1）。回归方程均采用OLS（ordinary least square，普通最小二乘）方法，对于估计系数的标准差在公司对层面进行聚类调整。根据假说，系数$a_1$应显著为负值。表1报告了式（1）的各变量定义。

Comp_Accr/Comp_DA=$a_0$+$a_1$×Diff_Exam_R/Diff_Exam_E+$\sum a_i$×Control_Variables$_i$ （1）

### 表1 各变量定义

| 变量名 | 变量定义 |
|---|---|
| Comp_Accr | 两家公司应计利润之差的绝对值乘以–1,值越大表明两家公司会计信息可比性越高 |
| Comp_DA | 两家公司可操纵应计利润之差的绝对值乘以–1,值越大表明两家公司会计信息可比性越高。可操纵应计利润根据分行业、分年度Jones模型计算 |
| Diff_Exam_R/Diff_Exam_E | 两家公司复核签字会计师/审核签字会计师通过注会考试年份的差异（差异是两个数值之差的绝对值,以下皆同）,值越小表明两家公司签字会计师注会考试经历越相似 |
| Diff_Birth_R/Diff_Birth_E | 两家公司复核签字会计师/审核签字会计师出生年份的差异 |
| Diff_Exp_R/Diff_Exp_E | 两家公司复核签字会计师/审核签字会计师工作经验的差异。以截至上一年度签字会计师累计审计公司数量衡量工作经验 |
| Accr_Min | 两家公司应计利润的较小值 |
| DA_Min | 两家公司可操纵应计利润的较小值 |
| SameAuditfirm | 两家公司由同一会计师事务所审计取值为1,由不同会计师事务所审计取值为0 |
| Size_Diff | 两家公司规模的差异,规模为期末总资产（单位为万元）的自然对数 |
| Size_Min | 两家公司规模的较小值 |
| LEV_Diff | 两家公司期末资产负债率的差异 |
| LEV_Min | 两家公司期末资产负债率的较小值 |
| CFO_Diff | 两家公司CFO的差异,CFO为当期经营活动现金流量与期末总资产的比值 |
| CFO_Min | 两家公司CFO的较小值 |
| PB_Diff | 两家公司期末市净率的差异 |
| PB_Min | 两家公司期末市净率的较小值 |
| STD_Rev_Diff | 两家公司季度营业收入标准差的差异,用之前16个季度的季度营业收入计算其标准差 |
| STD_Rev_Min | 两家公司季度营业收入标准差的较小值 |
| STD_CFO_Diff | 两家公司季度现金流量标准差的差异,用之前16个季度的季度经营活动现金流量计算其标准差 |
| STD_CFO_Min | 两家公司季度现金流量标准差的较小值 |
| STD_Revgrow_Diff | 两家公司季度营业收入增长率的标准差的差异,用之前16个季度的季度营业收入增长率计算其标准差 |
| STD_Revgrow_Min | 两家公司季度营业收入增长率的标准差的较小值 |
| LossProb_Diff | 两家公司亏损发生率的差异,亏损发生率为之前16个季度亏损季度所占比重 |
| LossProb_Min | 两家公司亏损发生率的较小值 |

Jonse模型计算可操纵应计利润时需要用到上一年度的应收账款、营业收入等数据,故选择2008~2017年A股上市公司为研究样本。对于具有相同行业代码的公司,两两形成公司对作为回归方程的观测。由于部分变量存在缺失值,各回归方程观测数有所差异。注册会计师个人信息数据从中国注册会计师协会网站收集,其余数据来自Wind资讯和国泰安数据库。

本文对所有连续型变量进行了首尾1%的缩尾处理,表2报告了变量描述性统计分析。Comp_Accr的均值为–0.078、中位数为–0.058,Comp_DA的均值为–0.073、中位数为–0.055,与Francis等（2014）报告的统计结果较为接近。两家公司复核签字会计师通过注会考试年份的差异均值为4.345年,出生年份的差异均值为6.511年,工作经验的差异均值为23.878家;审核签字会计师通过注会考试年份的差异均值为5.363年,出生年份的差异均值为7.121年,工作经验的差异均值为9.074家。为避免估计的系数值太小,将变量Diff_Exam_R/Diff_Exam_E、Diff_Birth_R/Diff_Birth_E、Diff_Exp_R/Diff_Exp_E的原始值除以1 000后再进行回归分析。表2中其他变量描述性统计与Francis等(2014)基本接近,不予赘述。

表2 变量描述性统计分析

| 变量 | 观测数 | 1%百分点 | 均值 | 中位数 | 99%百分点 | 标准偏差 |
| --- | --- | --- | --- | --- | --- | --- |
| Comp_Accr | 677 892 | −0.321 | −0.078 | −0.058 | −0.001 | 0.069 |
| Comp_DA | 677 822 | −0.301 | −0.073 | −0.055 | −0.001 | 0.064 |
| Diff_Exam_R | 549 600 | 0 | 4.345 | 4.000 | 14.000 | 3.345 |
| Diff_Birth_R | 549 600 | 0 | 6.511 | 5.000 | 23.000 | 5.224 |
| Diff_Exp_R | 549 600 | 0 | 23.878 | 17.000 | 97.000 | 22.336 |
| Diff_Exam_E | 677 892 | 0 | 5.363 | 5.000 | 17.000 | 4.001 |
| Diff_Birth_E | 677 892 | 0 | 7.121 | 6.000 | 27.000 | 5.697 |
| Diff_Exp_E | 677 892 | 0 | 9.074 | 5.000 | 67.000 | 12.197 |
| Accr_Min | 549 600 | −0.253 | −0.041 | −0.032 | 0.097 | 0.065 |
| DA_Min | 677 822 | −0.237 | −0.038 | −0.029 | 0.079 | 0.058 |
| SameAuditfirm | 677 892 | 0.000 | 0.061 | 0 | 1.000 | 0.240 |
| Size_Diff | 677 892 | 0.019 | 1.288 | 1.042 | 4.665 | 1.030 |
| Size_Min | 677 892 | 19.076 | 21.432 | 21.408 | 24.056 | 0.959 |
| LEV_Diff | 677 892 | 0.003 | 0.215 | 0.183 | 0.674 | 0.159 |
| LEV_Min | 677 892 | 0.046 | 0.360 | 0.347 | 0.776 | 0.177 |
| CFO_Diff | 677 892 | 0.001 | 0.080 | 0.060 | 0.378 | 0.072 |
| CFO_Min | 677 892 | −0.240 | −0.003 | 0.007 | 0.131 | 0.066 |
| PB_Diff | 677 892 | 0.026 | 3.857 | 1.624 | 65.090 | 8.483 |
| PB_Min | 677 892 | 0.778 | 2.790 | 2.376 | 9.268 | 1.598 |
| STD_Rev_Diff | 677 892 | 186.438 | 62 606.890 | 16 697.710 | 944 782.040 | 137 052.370 |
| STD_Rev_Min | 677 892 | 511.078 | 13 221.340 | 6 597.000 | 132 642.140 | 19 910.270 |
| STD_CFO_Diff | 677 892 | 118.806 | 31 069.480 | 9 469.420 | 464 715.830 | 65 649.910 |
| STD_CFO_Min | 677 892 | 678.942 | 8 771.690 | 4 983.150 | 74 897.280 | 11 635.760 |
| STD_Revgrow_Diff | 677 892 | 0.003 | 5.779 | 0.240 | 250.971 | 30.668 |
| STD_Revgrow_Min | 677 892 | 0.070 | 0.389 | 0.239 | 3.670 | 0.517 |
| LossProb_Diff | 677 892 | 0 | 0.212 | 0.125 | 0.813 | 0.208 |
| LossProb_Min | 677 892 | 0 | 0.062 | 0 | 0.500 | 0.110 |

# 五、实 证 分 析

## (一)假说的基本检验

表3报告了方程(1)全样本回归分析。第(1)列至第(3)列被解释变量为Comp_Accr,

第（4）列至第（6）列被解释变量为Comp_DA。第（1）列和第（4）列以两家公司复核签字会计师注会考试经历的差异Diff_Exam_R为主要解释变量。Diff_Exam_R系数不显著，表明复核签字会计师通过注会考试年份的差异对两家公司会计信息可比性没有影响。第（2）列和第（5）列以两家公司审核签字会计师通过注会考试年份的差异Diff_Exam_E为主要解释变量。Diff_Exam_E系数显著为负值，表明两家公司审核签字会计师通过注会考试的时间越接近，两家公司会计信息可比性越高。第（3）列和第（6）列将Diff_Exp_R和Diff_Exam_E同时作为主要解释变量放入回归方程，此时Diff_Exam_E系数仍显著为负值，再次表明审核签字会计师通过注会考试的时间越接近，两家公司会计信息可比性越高。以上发现也表明审核签字会计师对财务报告的影响强于复核签字会计师对财务报告的影响。一般而言，审核签字会计师主导现场审计，与被审计单位管理层沟通，带领团队成员完成审计流程，审核签字会计师在这些过程中更有可能将自己的特征（专业知识、对风险的把控、抗压能力等）体现到公司财务报告中。而复核签字会计师一般不参与现场具体审计工作，对财务报告的影响较为间接。这也与Lennox等（2014）、郭春林（2014）的研究相似，他们均发现复核签字会计师没有影响审计结果而审核签字会计师对审计结果有显著影响。

**表3 方程（1）全样本回归分析**

| 变量 | （1）Comp_Accr | （2）Comp_Accr | （3）Comp_Accr | （4）Comp_DA | （5）Comp_DA | （6）Comp_DA |
|---|---|---|---|---|---|---|
| Diff_Exam_R | 0.007 (0.29) | | -0.084*** (-3.19) | 0.018 (0.73) | | -0.034 (-1.29) |
| Diff_Birth_R | -0.005 (-0.28) | | 0.063*** (3.97) | -0.060*** (-3.63) | | 0.018 (1.11) |
| Diff_Exp_R | 0.004 (1.02) | | -0.004 (-0.95) | 0.004 (0.96) | | -0.002 (-0.42) |
| Diff_Exam_E | | -0.072*** (-4.29) | -0.068*** (-3.25) | | -0.062*** (-3.65) | -0.118*** (-5.53) |
| Diff_Birth_E | | 0.022* (1.76) | -0.006 (-0.40) | | 0.048*** (3.76) | 0.048*** (3.03) |
| Diff_Exp_E | | 0.017*** (3.78) | 0.028*** (5.56) | | 0.013*** (2.92) | 0.024*** (4.55) |
| Accr_Min | 0.848*** (404.35) | 0.848*** (459.92) | 0.848*** (379.93) | | | |
| DA_Min | | | | 0.771*** (407.30) | 0.771*** (466.16) | 0.772*** (375.17) |
| SameAuditfirm | -0 (-0.15) | 0 (1.16) | -0 (-0.63) | -0 (-0.16) | 0 (1.29) | 0 (0.26) |
| Size_Diff | -0.004*** (-27.14) | -0.004*** (-32.68) | -0.004*** (-26.72) | -0.002*** (-18.78) | -0.003*** (-22.01) | -0.002*** (-16.18) |
| Size_Min | -0.007*** (-34.07) | -0.007*** (-41.40) | -0.007*** (-34.16) | -0.003*** (-18.56) | -0.004*** (-21.77) | -0.003*** (-16.22) |

续表

| 变量 | (1) Comp_Accr | (2) Comp_Accr | (3) Comp_Accr | (4) Comp_DA | (5) Comp_DA | (6) Comp_DA |
|---|---|---|---|---|---|---|
| LEV_Diff | 0.035*** | 0.035*** | 0.035*** | 0.025*** | 0.025*** | 0.025*** |
|  | (48.72) | (57.75) | (47.35) | (35.49) | (41.36) | (33.53) |
| LEV_Min | 0.073*** | 0.068*** | 0.069*** | 0.054*** | 0.049*** | 0.052*** |
|  | (86.80) | (98.14) | (80.28) | (67.86) | (73.28) | (60.88) |
| CFO_Diff | −0.026*** | −0.026*** | −0.025*** | −0.076*** | −0.070*** | −0.075*** |
|  | (−12.92) | (−15.21) | (−11.74) | (−41.85) | (−43.49) | (−37.72) |
| CFO_Min | 0.717*** | 0.717*** | 0.712*** | 0.544*** | 0.544*** | 0.539*** |
|  | (281.17) | (319.08) | (248.77) | (255.84) | (284.69) | (220.11) |
| PB_Diff | −0*** | −0*** | −0*** | −0*** | −0*** | −0*** |
|  | (−14.90) | (−24.70) | (−17.62) | (−5.43) | (−14.56) | (−9.63) |
| PB_Min | −0.004*** | −0.004*** | −0.004*** | −0.002*** | −0.002*** | −0.002*** |
|  | (−59.61) | (−69.55) | (−55.24) | (−28.29) | (−33.51) | (−26.07) |
| STD_Rev_Diff | 0*** | 0*** | 0* | 0*** | 0*** | 0*** |
|  | (2.61) | (4.08) | (1.92) | (7.40) | (11.33) | (6.49) |
| STD_Rev_Min | −0*** | −0*** | −0*** | 0*** | 0*** | 0*** |
|  | (−15.02) | (−17.98) | (−13.87) | (5.08) | (6.18) | (5.91) |
| STD_CFO_Diff | 0*** | 0*** | 0*** | 0 | 0 | 0 |
|  | (7.10) | (7.28) | (5.66) | (1.27) | (1.64) | (0.04) |
| STD_CFO_Min | 0*** | 0*** | 0*** | −0*** | −0*** | −0*** |
|  | (7.79) | (9.22) | (6.57) | (−17.76) | (−19.10) | (−17.86) |
| STD_Revgrow_Diff | −0*** | −0*** | −0*** | −0*** | −0*** | −0*** |
|  | (−17.21) | (−18.93) | (−14.01) | (−9.32) | (−5.55) | (−3.92) |
| STD_Revgrow_Min | −0.005*** | −0.005*** | −0.005*** | −0* | 0 | −0.001** |
|  | (−18.23) | (−19.90) | (−20.58) | (−1.68) | (0.24) | (−2.35) |
| LossProb_Diff | 0.025*** | 0.025*** | 0.026*** | 0.013*** | 0.012*** | 0.013*** |
|  | (51.93) | (61.29) | (49.78) | (28.88) | (30.83) | (27.05) |
| LossProb_Min | 0.064*** | 0.066*** | 0.067*** | 0.020*** | 0.021*** | 0.021*** |
|  | (72.42) | (81.07) | (74.60) | (24.55) | (27.18) | (23.67) |
| 截距项 | 0.083*** | 0.085*** | 0.077*** | −0.006 | 0.002 | −0.007 |
|  | (19.44) | (23.36) | (14.81) | (−1.28) | (0.49) | (−1.30) |
| 年度&行业 | 控制 | 控制 | 控制 | 控制 | 控制 | 控制 |
| $N$ | 549 600 | 677 892 | 403 195 | 549 535 | 677 822 | 403 134 |
| 调整的 $R^2$ | 0.704 | 0.707 | 0.711 | 0.647 | 0.650 | 0.652 |

*、***分别表示显著性水平为0.1、0.01；括号中数字为 $t$ 值

控制变量方面，Size_Diff系数显著为负值，表明规模越接近的公司会计信息可比性越高。原因可能是规模越接近的公司，更倾向于选择对方作为自己的对标且相互模仿。CFO_Diff系数显著为负值。两家公司经营活动现金流量越接近，说明两家公司运营状况越相似（如销售收款和采购付款周期接近），因此更有可能采用相似的会计政策或会计估计，导致会计信息可比性越高。此外，SameAuditfirm系数均不显著，表明两家公司是否聘请相同的会计师事务所对于其会计信息可比性并无影响。其余变量不予赘述。表3的发现证实了假说，并且两家公司审核签字会计师注会考试经历越相似，两家公司会计信息

可比性越高。基于以上发现，本文在后续回归方程中只将审核签字会计师通过注会考试年份的差异作为主要解释变量。

表3的结果证实了具有相似注会考试经历的签字会计师所审计的公司有更高的会计信息可比性。一般而言，签字会计师通过注会考试的时间与年龄有关。具有相似注会考试经历的签字会计师可能出生的年份更加相近，他们在大学阶段接受的专业理论知识可能也更加相似。此外，一般通过注会考试后签字会计师就会开展执业。因此，具有相似注会考试经历的签字会计师的工作经验也可能更加接近。如果两位签字会计师工作经验相似，他们可能接受相同的继续教育、受到一些相同事件的影响，从而拥有相似的风险偏好、采取相似的审计程序。这些因素均可能影响签字会计师所服务客户的会计信息可比性。尽管方程（1）控制了两家公司签字会计师年龄差异和工作经历差异，但表3中Diff_Exam_E仍有可能反映签字会计师大学学习经历和工作经历的相似性对会计信息可比性的影响，而非注会考试经历相似性的影响。因此，有必要做进一步检验。

表4中Panel A将样本分为年龄差距较小组和年龄差距较大组并分组回归。按年度取Diff_Birth_E中位数，该变量值小于当年中位数的为年龄差距较小组，反之为年龄差距较大组。因此，年龄差距较大组的回归分析结果更能凸显考试经历相似程度的作用。第（2）列和第（4）列的Diff_Exam_E系数均显著为负值，表明两位大学学习经历差异较大的审核签字会计师，当他们注会考试经历较为相似时，所审计的公司会计信息更加可比。第（1）列和第（3）列中Diff_Exam_E系数显著为负值，表明当两位审核签字会计师有相似的大学学习经历时，注会考试经历的相似性仍能提高会计信息可比性。

**表4　方程（1）进一步检验**

| Panel A　按审核签字会计师年龄差异分组回归 | | | | |
|---|---|---|---|---|
| 被解释变量 | （1）<br>Comp_Accr | （2）<br>Comp_Accr | （3）<br>Comp_DA | （4）<br>Comp_DA |
| 分组情况 | 年龄差距较小组 | 年龄差距较大组 | 年龄差距较小组 | 年龄差距较大组 |
| Diff_Exam_E | −0.069** | −0.087*** | −0.045* | −0.086*** |
|  | （−2.35） | （−4.18） | （−1.69） | （−4.33） |
| 其他变量 | 控制 | 控制 | 控制 | 控制 |
| $N$ | 335 180 | 342 712 | 335 133 | 342 689 |
| 调整的 $R^2$ | 0.702 | 0.711 | 0.616 | 0.624 |
| Panel B　按审核签字会计师工作经历差异分组回归 | | | | |
| 被解释变量 | （1）<br>Comp_Accr | （2）<br>Comp_Accr | （3）<br>Comp_DA | （4）<br>Comp_DA |
| 分组情况 | 工作经历差距较小组 | 工作经历差距较大组 | 工作经历差距较小组 | 工作经历差距较大组 |
| Diff_Exam_E | −0.051** | −0.104*** | −0.048* | −0.061*** |
|  | （−2.11） | （−5.59） | （−1.70） | （−2.89） |
| 其他变量 | 控制 | 控制 | 控制 | 控制 |
| $N$ | 329 598 | 348 294 | 329 566 | 348 256 |
| 调整的 $R^2$ | 0.704 | 0.709 | 0.643 | 0.656 |

*、**、***分别表示显著性水平为0.1、0.05、0.01；括号中数字为 $t$ 值

表4中Panel B将样本分为工作经历差距较小组和工作经历差距较大组并分组回归。按

年度取Diff_Exp_E中位数,该变量值小于当年中位数的为工作经历差距较小组,反之为工作经历差距较大组。因此,工作经历差异较大组的回归分析结果更能凸显考试经历相似程度的作用。第(2)列和第(4)列的Diff_Exam_E系数均显著为负值,表明两位工作经历差异较大的审核签字会计师,当他们注会考试经历较为相似时,所审计的公司会计信息更加可比。第(1)列和第(3)列中Diff_Exam_E系数显著为负值,表明当两位审核签字会计师有更相似的工作经历时,注会考试经历的相似性仍能提高会计信息可比性。上述发现进一步证实了假说。

## (二)假说的分组检验

表5是对方程(1)的分组回归,考察不同情况下签字会计师注会考试经历对会计信息可比性的影响。一般而言,211高校考取难度更大,在一定程度上表明其学生学习能力和综合素质更强。注会考试是一种高难度的考试,对个人理解能力、知识结构的要求相当高。毕业于211高校(211高校包含985高校)的签字会计师相对于毕业于其他院校的签字会计师而言,通过备考过程能更透彻理解相关准则和法规,相应地,注会考试经历对他们的执业行为影响更大。如果两位签字会计师均毕业于211高校,则预期注会考试经历相似性对会计信息可比性的影响更大。Panel A第(1)列和第(4)列中,两家公司审核会计师均毕业于211高校(指在211高校获得本/硕/博学位,排除自考或成人教育等情况);第(2)列和第(5)列中,两家公司审核会计师均毕业于非211高校;第(3)列和第(6)列则包括其他观测。部分签字会计师毕业院校和学历信息缺失,因此Panel A各列观测数之和较表3观测数少。回归分析显示第(1)列和第(4)列中Diff_Exam_E系数显著为负值,且系数绝对值数值大于表3第(2)列和第(5)列系数绝对值。这说明当两家公司签字会计师均毕业于211高校时,注会考试经历相似性对会计信息可比性影响更强。而第(2)列、第(3)列、第(5)列、第(6)列Diff_Exam_E系数均不显著,表明在其他情况下签字会计师注会考试经历对会计信息可比性影响较小。

表5 方程(1)的分组回归

Panel A 根据签字会计师毕业院校类型分组回归

| 被解释变量 | (1)<br>Comp_Accr | (2)<br>Comp_Accr | (3)<br>Comp_Accr | (4)<br>Comp_DA | (5)<br>Comp_DA | (6)<br>Comp_DA |
| --- | --- | --- | --- | --- | --- | --- |
| Diff_Exam_E | −0.208*** | −0.039 | −0 | −0.215*** | −0.014 | −0.032 |
|  | (−2.80) | (−0.95) | (−0.01) | (−2.99) | (−0.36) | (−0.86) |
| 其他变量 | 控制 | 控制 | 控制 | 控制 | 控制 | 控制 |
| $N$ | 47 510 | 145 256 | 165 838 | 47 510 | 145 235 | 165 823 |
| 调整的 $R^2$ | 0.718 | 0.702 | 0.714 | 0.675 | 0.642 | 0.659 |

分组说明:第(1)列和第(4)列中两家公司审核签字会计师均毕业于211高校;第(2)列和第(5)列中两家公司审核签字会计师均毕业于非211高校;第(3)列和第(6)列为其他情况

Panel B 根据签字会计师之前是否有该公司的审计经历分组

| 被解释变量 | (1)<br>Comp_Accr | (2)<br>Comp_Accr | (3)<br>Comp_Accr | (4)<br>Comp_DA | (5)<br>Comp_DA | (6)<br>Comp_DA |
| --- | --- | --- | --- | --- | --- | --- |
| Diff_Exam_E | −0.121*** | −0.019 | −0.038 | −0.115*** | 0.062 | −0.046* |
|  | (−4.36) | (−0.45) | (−1.64) | (−4.32) | (1.38) | (−1.95) |

续表

Panel B 根据签字会计师之前是否有该公司的审计经历分组

| 被解释变量 | （1）Comp_Accr | （2）Comp_Accr | （3）Comp_Accr | （4）Comp_DA | （5）Comp_DA | （6）Comp_DA |
| --- | --- | --- | --- | --- | --- | --- |
| 其他变量 | 控制 | 控制 | 控制 | 控制 | 控制 | 控制 |
| N | 261 872 | 97 417 | 318 603 | 261 872 | 97 391 | 318 559 |
| 调整的 $R^2$ | 0.712 | 0.698 | 0.706 | 0.655 | 0.643 | 0.649 |

分组说明：第（1）列和第（4）列中两家公司审核签字会计师均是初次审计该客户；第（2）列和第（5）列中两家公司审核签字会计师在过去4年内均审计过客户；第（3）列和第（6）列为其他情况。

*、***分别表示显著性水平为0.1、0.01；括号中数字为 $t$ 值

如果签字会计师过去曾经审计过该公司，那么本期继续审计这家公司时会更多依靠以往审计经验，而注会考试中相关知识对他们该次的审计活动影响相对较低。如果签字会计师本期是初次审计客户，需要重新认识新的客户，他们可能较少依靠以往的工作经验，而是更多运用注会考试中学习的专业知识开展审计。因此，预计当两家公司的审核签字会计师都是初次担任其客户的签字会计师时，注会考试经历的相似性对会计信息可比性的影响较大。根据财政部和中国证券监督管理委员会2003年发布的《关于证券期货审计业务签字注册会计师定期轮换的规定》，签字会计师为公司连续提供审计服务不得超过5年，故以4年作为区分。表5中Panel B第（1）列和第（4）列中两家公司的审核签字会计师均是初次审计该客户（即在过去4年内既不曾担任过审核签字会计师，也不曾担任过复核签字会计师）。第（2）列和第（5）列中两家公司的审核签字会计师在过去4年内均担任过该公司签字会计师；第（3）列和第（6）列则为其他情况。表5的回归分析显示第（1）列和第（4）列Diff_Exam_E系数显著为负值，而第（2）列、第（3）列和第（5）列的Diff_Exam_E系数均不显著，表明假说主要在两家公司的审核签字会计师均是初次审计该客户的情况下成立。第（6）列Diff_Exam_E系数在0.1水平上显著为负值。检验表明第（4）列和第（6）列的Diff_Exam_E系数在0.05水平上有显著差异（卡方值为5.45，显著性水平为0.019 6），再次说明两家公司签字会计师均是初次审计各自客户时，相较其他情况而言，注会考试经历相似程度对会计信息可比性影响更强。

（三）影响机制检验

在报表审计过程中签字会计师针对发现的问题需进行会计调整，因此公司接受审计前后的财务报表存在差异，这一差异反映了签字会计师对财务报表调整的程度。根据前文分析，注会考试经历越相似的签字会计师，他们对相同或相似的交易越倾向于做出一致判断，对重要性水平和审计风险的评估判断越接近，越可能采用相同或相似的审计方法。因此，在其他条件一定的情况下，注会考试经历越相似的签字会计师，他们在审计过程中对会计数据的调整越接近，从而导致他们所审计的两家公司会计信息可比性越高。因此，可进一步检验签字会计师的注会考试经历相似程度对于审计调整接近程度的影响。

Lennox等（2014）指出，自2006年开始，中国的会计师事务所需要向财政部报告其上市公司客户审计前的盈利数据，Lennox等从财政部获取了上市公司审计前的盈利数据，用审计前后盈利数据的对比反映审计质量，进而研究签字会计师轮换对于审计质量的影

响。然而会计师事务所向财政部报送的这一数据并不公开，故本文采用以下方法估计公司在审计之前的盈利数据。ROA是根据披露的公司年报计算的资产净利润率，$ROA_{q1\_3}$是根据披露的三季报计算的前三季度资产净利润率。一般而言，同一行业公司的经营情况、经营周期具有相似性。而公司的三季报是未经审计的，故可用前三季度盈利估计公司审计之前的全年度盈利数据。分年度、分行业对方程（2）进行回归分析。

$$ROA=a_0+a_1\times ROA_{q1\_3}+\varepsilon \quad (2)$$

以方程（2）残差项$\varepsilon$衡量签字会计师做出的会计调整AdjROA。以方程（2）估算的被解释变量预测值衡量审计之前的盈利数据ROA_hat。定义$Comp\_AdjROA_{i,j}=-Abs$（$AdjROA_i-AdjROA_j$），值越大说明两家公司的审计调整越接近。用方程（3）检验注会考试经历相似程度对审计调整接近程度的影响。将$Comp\_AdjROA_{i,j}$作为方程（3）被解释变量。此外，方程（3）在方程（1）的基础上加入以下控制变量：$AdjROA\_Min_{i,j}$（公司$i$和$j$的AdjROA的较小值）、$ROA\_hat\_Diff_{i,j}$（公司$i$和$j$的ROA_hat差距的绝对值）、$ROA\_hat\_Min_{i,j}$（公司$i$和$j$的ROA_hat的较小值）。根据上述分析，系数$a_1$应显著为负值。

$$Comp\_AdjROA=a_0+a_1\times Diff\_Exam\_E+\sum a_i\times Control\_Variables_i \quad (3)$$

表6报告了方程（3）回归结果。Diff_Exam_E系数显著为负值，说明两家公司签字会计师通过注会考试经历越相似，这两家公司的审计调整越接近。可见，有相似注会考试经历的签字会计师，更倾向于采用相似的审计调整，这可能是提高两家公司会计信息可比性的途径之一。CFO_Diff系数显著为负值，即两家公司经营活动现金流量相差越小，两家公司审计调整越接近。经营活动现金流量不受会计应计利润的影响，在一定程度上代表公司的经营状况。这表明两家经营状况较为相似的公司，审计调整也较为相似。表6其他变量不予赘述。

表6　方程（3）回归分析

| 变量 | Comp_AdjROA |
| --- | --- |
| Diff_Exam_E | −0.046*** |
|  | （−4.90） |
| Diff_Birth_E | −0.002 |
|  | （−0.29） |
| Diff_Exp_E | 0.006** |
|  | （2.31） |
| SameAuditfirm | 0** |
|  | （2.30） |
| AdjROA_Min | 0.666*** |
|  | （332.43） |
| ROA_hat_Diff | 0.012*** |
|  | （6.96） |
| ROA_hat_Min | 0.205*** |
|  | （74.96） |

续表

| 变量 | Comp_AdjROA |
|---|---|
| Size_Diff | −0.001*** |
|  | (−11.12) |
| Size_Min | −0.001*** |
|  | (−5.41) |
| LEV_Diff | 0.015*** |
|  | (41.77) |
| LEV_Min | 0.025*** |
|  | (54.56) |
| CFO_Diff | −0.063*** |
|  | (−38.34) |
| CFO_Min | −0.050*** |
|  | (−33.01) |
| PB_Diff | −0*** |
|  | (−43.25) |
| PB_Min | −0.002*** |
|  | (−44.38) |
| STD_Rev_Diff | −0*** |
|  | (−5.93) |
| STD_Rev_Min | −0*** |
|  | (−20.92) |
| STD_CFO_Diff | 0*** |
|  | (8.38) |
| STD_CFO_Min | 0*** |
|  | (3.47) |
| STD_Revgrow_Diff | −0*** |
|  | (−14.06) |
| STD_Revgrow_Min | −0.003*** |
|  | (−17.04) |
| LossProb_Diff | −0.010*** |
|  | (−41.50) |
| LossProb_Min | −0.009*** |
|  | (−16.74) |
| 截距项 | −0.014*** |
|  | (−6.77) |
| 年度&行业 | 控制 |
| $N$ | 677 892 |
| 调整的 $R^2$ | 0.542 |

**、***分别表示显著性水平为 0.05、0.01；括号中数字为 $t$ 值

## （四）进一步检验

2006年2月我国发布了《企业会计准则——基本准则》，收益计量理念从收入费用观转变为资产负债观。资产负债观下会计在本质上应将客观存在于企业财富变化中的"真实收益"尽可能准确地描述出来。当资产和负债得到准确计量时，净资产的增加（排除股东增资和公司分红的影响）即"真实收益"，这不仅包括当期已实现损益，还包括持有资产的利得或损失。因此，会计信息越可比的两家公司，对资产和负债的计量模式应越接近，这导致它们净资产的计量也应该越接近。如果假说成立，那么两位均系统学习了2006年新会计准则的审核签字会计师所审计的公司净资产应该更加具有可比性。2007年注会考试的"会计"科目根据2006年新会计准则做出了修改，单科注会考试成绩在5年内有效，因此，如果签字会计师在2011年及之后通过了注会考试，则可以确定其系统学习了2006年新会计准则。如果两家公司审核签字会计师均在2011年及之后通过了注会考试，则定义Post为1，否则为0。定义Comp_BP=-1×Abs（$BP_i$-$BP_j$），BP为公司年末账面市值比（市净率的倒数）。该变量值越大，表明公司$i$和公司$j$净资产越接近、会计信息可比性越高。结合Post的定义，取2011~2017年的公司对作为样本，对方程（4）进行回归。

$$Comp\_BP = a_0 + a_1 \times Post + a_2 \times Diff\_Birth\_E + a_3 \times Diff\_Exp\_E + a_4 \times BP\_Min + a_5 \times Ret\_Diff + a_6 \times Ret\_Min + a_7 \times Size\_Diff + a_8 \times Size\_Min + a_9 \times Lev\_Diff + a_{10} \times Lev\_Min \quad (4)$$

其中，BP_Min为两家公司账面市值比中的较小者；Ret_Diff为两家公司当年股价收益率（当期末相比上期末股价涨幅）差距的绝对值；Ret_Min为股价收益率中的较小者；其余变量定义见表1。根据上述分析Post系数应显著为正值。表7报告了方程（4）的回归分析结果，可见Post系数符合预期。这表明如果两位审核签字会计师均系统地学习了2006年新会计准则，则他们所审计的公司会计信息可比性更高。这再次证实了假说。

表7 方程（4）回归分析结果

| 变量 | Comp_BP |
| --- | --- |
| Post | 0.022*** |
|  | (7.77) |
| Diff_Birth_E | 0.582*** |
|  | (4.00) |
| Diff_Exp_E | −0.106 |
|  | (−1.20) |
| BP_Min | 0.448*** |
|  | (18.71) |
| Ret_Diff | 0.022 |
|  | (1.20) |

续表

| 变量 | Comp_BP |
| --- | --- |
| Ret_Min | 0.115*** |
|  | (4.02) |
| Size_Diff | −0.068*** |
|  | (−15.54) |
| Size_Min | −0.066*** |
|  | (−13.06) |
| Lev_Diff | 0.051*** |
|  | (3.49) |
| Lev_Min | 0.027 |
|  | (1.34) |
| 截距项 | 1.315*** |
|  | (15.34) |
| 年度&行业 | 控制 |
| $N$ | 497 467 |
| 调整的 $R^2$ | 0.247 |

***表示显著性水平为0.01；括号中数字为 $t$ 值

### （五）稳健性检验

最后对方程（1）进行稳健性检验。如果两家公司由同一位审核签字会计师审计，那么解释变量Diff_Exam_E取值为0，且同一位审核签字会计师审计的两家公司会计信息可比性更高（Li et al. 2017a）。这些观测的存在有可能使假说更容易得到证实（By for假说）。为了排除这一可能的影响，表8第（1）列和第（2）列删去了由同一位审核签字会计师审计的公司对之后方程（1）的回归结果。与表3第（2）列和第（5）列对比可发现，删去这些观测后样本量的减少微乎其微，且主要解释变量的估计值和t值基本没有发生变化。进一步还要求两家公司的签字会计师完全不相同，即删去两家公司的签字会计师中至少有一位是相同的观测。考虑这一点之后回归结果几乎也没有发生变化。可见两家公司由同一位签字会计师审计的观测不会影响假说的证实。

表3回归方程是全样本分析，因此包含了那些得到非标准审计意见的公司形成的观测。为了排除这一可能的影响，首先删去得到非标准审计意见的公司，再在此基础上形成公司对。表8第（3）列和第（4）列报告了排除得到非标准审计意见的公司之后方程（1）的回归分析结果，回归结果也没有实质变化。综上所述，假说在稳健性检验中仍然得到支持。

表8　方程（1）稳健性检验

| 变量 | （1）Comp_Accr 删去由同一审核签字会计师审计的公司对 | （2）Comp_DA 删去由同一审核签字会计师审计的公司对 | （3）Comp_Accr 删去得到非标准审计意见的公司对 | （4）Comp_DA 删去得到非标准审计意见的公司对 |
|---|---|---|---|---|
| Diff_Exam_E | −0.072*** | −0.062*** | −0.087*** | −0.076*** |
|  | (−4.27) | (−3.65) | (−5.31) | (−4.43) |
| 其他变量 | 控制 | 控制 | 控制 | 控制 |
| N | 677 495 | 677 425 | 632 605 | 632 536 |
| 调整的 $R^2$ | 0.707 | 0.650 | 0.716 | 0.654 |

\*\*\*表示显著性水平为0.01；括号中数字为 $t$ 值

# 六、结　　论

本文从签字会计师注会考试经历的角度研究了会计信息可比性的影响因素。首先，研究发现，两家公司的审核签字会计师注会考试经历越相似，其会计信息可比性越高。其次，进一步检验发现，当两家公司的审核签字会计师均毕业于211高校、均是初次审计该客户时，注会考试经历相似性对会计信息可比性影响更强。最后，两位注会考试经历更相似的审核签字会计师，他们的审计调整更接近，进而导致更高的会计信息可比性。

相比年龄、性别、学历等个人特征，注会考试无疑对签字会计师专业胜任能力的形成有更加直接和重要的影响，因此注会考试经历是影响审计结果的重要因素之一。以往研究未考察注会考试经历这一重要个人特征，其原因可能在于无法直接检验考试经历和审计结果的相关性。本文绕开直接对审计质量进行检验这一难点，分析有相似注会考试经历的签字会计师其客户是否有更高的会计信息可比性，进而证实考试经历发挥的作用。这有助于全面认识个人特征对审计结果的影响，促进会计师事务所更有效地配置审计资源。注会考试包括6门科目，不同科目对签字会计师执行审计活动影响可能不同。但出于数据限制原因，无法得到签字会计师通过注会考试各个科目的具体时间，这使得本文无法进行更加细致深入的分析。一般而言，出生年份较接近的签字会计师通过注会考试的时间较为接近，通过注会考试时间较接近的签字会计师工作经历也较为接近。因此，签字会计师的大学学习经历和工作经历的相似性也可能对结果产生一定影响，本文虽然控制了相关因素但未能完全排除这一替代性解释。这些有待于将来进一步研究。

# 参 考 文 献

曹强, 胡南薇, 陈乐乐. 2016. 审计师流动与财务报告可比性——基于中国会计师事务所合并的经验证据. 会计研究, （10）: 86-92.
陈玥, 江轩宇. 2017. 会计信息可比性能够降低审计收费吗?——基于信息环境与代理问题的双重分析. 审计研究, （2）: 89-97.
邓川, 高雅琴, 杨文莺. 2017. CFO审计师经历、旋转门现象与会计稳健性. 财经论丛, （3）: 71-80.
郭春林. 2014. 基于签字注册会计师特征与独立审计质量的实证研究. 经济问题, （1）: 102-109.
姜付秀, 黄继承. 2013. CEO财务经历与资本结构决策. 会计研究, （5）: 27-34.
姜付秀, 石贝贝, 马云飙. 2016. 董秘财务经历与盈余信息含量. 管理世界, （9）: 161-173.
罗春华, 唐建新, 王宇生. 2014. 注册会计师个人特征与会计信息稳健性研究. 审计研究, （1）: 71-78.
王霞, 薛跃, 于学强. 2011. CFO的背景特征与会计信息质量——基于中国财务重述公司的经验证据. 财经研究, （9）: 123-133.
杨金凤, 陆建桥, 王文慧. 2017. 我国会计师事务所合并的整合效果研究——以会计信息可比性为视角. 会计研究, （6）: 3-10.
叶飞腾, 薛爽, 杨辰. 2017. 会计师事务所合并能提高财务报表的可比性吗?——基于中国上市公司的经验证据. 会计研究, （3）: 68-74.
张龙平, 潘临. 2018. 签字会计师繁忙度与审计质量——来自中国上市公司的经验证据. 财经论丛, （3）: 58-67.
周楷唐, 麻志明, 吴联生. 2017. 高管学术经历与公司债务融资成本. 经济研究, （7）: 169-183.
Aier J K, Comprix J, Gunlock M T, et al. 2005. The financial expertise of CFOs and accounting restatements. Accounting Horizons, 19（3）: 123-135.
Barth M E, Landsman W R, Lang M H, et al. 2012. Are IFRS-based and US GAAP-based accounting amounts comparable? Journal of Accounting and Economics, 54（1）: 68-93.
Cho C H, Jung J H, Kwak B, et al. 2017. Professors on the board: do they contribute to society outside the classroom? Journal of Business Ethics, 141（2）: 1-17.
Defond M L, Francis J R. 2005. Audit research after sarbanes-oxley. Auditing: A Journal of Practice & Theory, 24（1）: 5-30.
Francis J R. 2011. A Framework for understanding and researching audit quality. Auditing: A Journal of Practice & Theory, 30（2）: 125-152.
Francis J R, Pinnuck M, Watanabe O. 2014. Auditor style and financial statement comparability. The Accounting Review, 89（2）: 605-633.
Graham J R, Harvey C R, Puri M. 2013. Managerial attitudes and corporate actions. Journal of Financial Economics, 109（1）: 103-121.
Gul F A, Wu D, Yang Z. 2013. Do individual auditors affect audit quality? Evidence from archival data. The Accounting Review, 88（6）: 1993-2023.
Jensen M, Zajac E. 2004. Corporate elites and corporate strategy: how demographic preferences and structural position shape the scope of the firm. Strategic Management Journal, 25（6）: 507-524.
Knechel W R, Rouse P, Schelleman C. 2009. A modified audit production framework: evaluating the relative efficiency of audit engagements. The Accounting Review, 84（5）: 1607-1638.

Lennox C S, Wu X, Zhang T. 2014. Does mandatory rotation of audit partners improve audit quality? The Accounting Review, 89（5）: 1775-1803.

Li L, Qi B, Zhang J. 2017a. The Effect of Engagement Auditors on Financial Statement Comparability. New York: Social Science Electronic Publishing.

Li L, Qi B, Tian G, Zhang G. 2017b. The contagion effect of low-quality audits at the level of individual auditors. The Accounting Review, 92（1）: 137-163.

Libby R, Frederic D M. 1990. Experience and the ability to explain audit findings. Journal of Accounting Research, 28（2）: 348-367.

Nelson M. 2009. A model and literature review of professional skepticism in auditing. Auditing: A Journal of Practice & Theory, 28（2）: 1-34.

Nelson M, Tan H. 2005. Judgment and decision making research auditing: a task, person, and interpersonal interaction perspective. Auditing: A Journal of Practice & Theory, 24（Supplement）: 41-71.

Yip R, Young D. 2012. Does mandatory IFRS adoption improve information comparability? The Accounting Review, 87（5）: 1767-1789.

# Signing Auditors' CPA Examination Records and Financial Statement Comparability

## Qi Zheng

School of Economics and Management, Changsha University of Science & Technology, Changsha, Hunan, China 410076

**Abstract**: This paper investigates the impact of signing auditors' CPA (Certified Public Accountant) examination records on their clients' financial statement comparability. I find that the financial statements of two firms are more comparable when their respective signing auditors pass the CPA examination around the same year. The negative relation between financial statement comparability and the absolute difference between the years in which the signing auditors pass the CPA examination is more pronounced, when the signing auditors graduate from 211 Project universities in China and when they perform audit for their clients for the first time. Moreover, I show that the signing auditors make similar accounting adjustments in the process of auditing their clients' financial statements, when they have similar CPA examination records (e.g., passing years and graduation schools). Our results suggest that CPA examination records are important characteristics of auditors that bear on audit outcomes.

***Keywords***: auditor; CPA examination; experience; financial statement comparability.

# 《当代会计评论》体例格式要求

1. 稿件的首页应该提供以下信息
（1）文章标题；
（2）作者个人信息，包括作者姓名、单位、职称、职务、学位、通信地址、邮政编码、联系电话、传真、E-mail等；
（3）致谢及获得资助申明，置于首页的脚注中。

2. 稿件第2页包含以下信息
（1）文章标题；
（2）不超过200字的摘要；
（3）3~5个关键词。

3. 正文

第一级标题居中，用一、二、三等编号；第二级标题左空两格，用（一）、（二）、（三）等编号；第三级标题左空两格，用1. 、2. 、3. 等编号；其余均以连续数字（1）、（2）、（3）等标注；同一段内连续编号用①、②、③等标注。

示例：

二、基于我国资本市场的欧拉方程检验

……

（三）实证结果及分析

……

3. 稳健性检验

为了进一步检验上述模型在解释……，本文对其做以下稳健性检验。

改变被解释变量的取值。已经过……

改变样本期。

改变……

4. 图和表

分别连续编号，并安插在正文中的相应位置。正文中须与之呼应，如"如表2所示""如图3所示"等，指示须清楚明白，避免出现"如下表所示""如下图所示"等语句。

图的序号和标题之间不加标点，只空一格，并置于图下方正中的位置。图例和图的注释置于图形底部。表的序号和标题之间不加标点，只空一格，并置于表格上方正中的位置。表的注释（或说明文字）和资料来源置于表格下方。

5. 公式应以（1）、（2）、（3）等连续编号，编号放置在公式所在行的最右侧。

6. 在正文中参考文献采用"著者+年份"制，即在被引用的著者姓名之后用圆括号标注参考文献的出版年代。如著者姓名和年代在同一个括号内，姓名和年代之间不加标点，空一格。

示例：

徐道一（1983）认为，生物变革时期与太阳系在银河系的运行轨迹可能有一定联系。现代生态学研究的中心是生态系统的结构与功能以及人与生物之间相互作用的关系（马世骏等 1990）。生态学的现代品格是把一个意外的结果变成一个意料中的结果，把一个偶然的事件变成一个当然的事件（Harvey 1969）。

7. 所有参考文献应放置在文章末尾，简要说明如下：

（1）中文部分参考文献在前，英文部分在后，按作者姓名的汉语拼音或英文姓名字母顺序排列。

（2）英文人名一律"姓"全拼在前，"名"缩写在后，名缩写不加缩写点，姓、名中间加空。"姓"首字母大写，其余小写；"名"只写首字母，大写，两缩写名间加空。

示例：

Francis J, Schipper K, Vincent L. 2002. Expanded disclosures and the increased usefulness of earnings announcements. The Accounting Review, 77: 515-546.

（3）引用多位作者合著的文章时，列前3位作者，加"等（et al.）"。

（4）英文文章题目中，首词和专有名词的首字母大写，其余一律小写。

（5）英文书名和论文集名中实词首字母一律大写，介词和连词为小写，但首词和四个字母以上的介词首字母应大写。

（6）每条文献中各项必须齐全，并要特别注意以下容易忽略的项目：论文集编者姓名、论文集书名、专著和论文集的出版城市及出版社、起止页码等。

格式示例：

专著

作者. 出版年. 书名（包括副书名）. 版本（第一版应略去）. 出版地：出版者：页码.

作者. 出版年. 文章名. 见：原出版物责任者. 原出版物名. 版本（第一版应略去）. 出版地：出版者：页码.

如果是译文，则应在文献名后加上译者姓名。如：

黑姆斯等. 2000. 生物化学. 王镜岩等译. 北京：科学出版社：365.

论文集

作者. 出版年. 文章名. 论文集编者（其前加"//"）. 论文集名. 出版地：出版者：文章的起讫页码.

刊物

作者. 出版年. 文章名. 刊物名称，卷（期，部分）：文章的起讫页码.

报纸

作者. 年 月 日. 文章名. 报纸名称，（版面第次）.

具体示例：

葛家澍. 2007. 关于在财务会计中采用公允价值的探讨. 会计研究，（3）：3-8.

李志文，姚正春，朴军. 2007. 中国股市的ROE代表什么？中国会计评论，5（3）：305-314.

张国清，赵景文. 2008. 资产负债项目可靠性、盈余持续性及其市场反应. 会计研究，（3）：

51-57.

Francis J, Schipper K, Vincent L. 2002. Expanded disclosures and the increased usefulness of earnings announcements. The Accounting Review, 77: 515-546.

Street D L, Gray S J, Bryant S M. 1999. Acceptance and observance of International Accounting Standards. The International Journal of Accounting, 34 (1): 11-48.